建築再生

未来へつなぐ
リファイニング
建築

ポイントとすすめ方

青木 茂

建築資料研究社

目次

住居系 CASE 1-9 —— 4
マンション再生への道程　青木 茂 —— 5

CASE 1 旧耐震基準の学校施設を賃貸共同住宅にリファイニング
ASPRIME 千代田富士見 —— 6

CASE 2 築52年、銀行融資を取得してリファイニニイング
パークティアラ北馬込 —— 22

CASE 3 耐震補強・増築・大規模模様替え・大規模修繕を実現
アンソレイユ氷川台 —— 36

CASE 4 共用部のみの耐震補強で住みながらリファイニング
池田山パインクレスト —— 50

CASE 5 東日本大震災で被災し「半壊」認定のビルをリファイニング
佐藤ビル —— 58

CASE 6 好立地を活かして寄宿舎を賃貸共同住宅にリファイニング
レスピール三鷹 —— 70

CASE 7 エレベーター・エントランスを増築し、新築同等に
光第2ビル —— 78

CASE 8 リファイニングで公宅用地を有効活用
ASPRIME 初台 —— 86

CASE 9 リファイニング計画から建て替えへ、DIYが可能なカスタマイズ住空間を新築
HYGGE KANDAHEIM —— 90

トークセッション①
「住まい」と「街」の再生に取り組む　前田武志＋加藤利男＋青木 茂 —— 102

CONTENTS

非住居系 CASE 10-18 — 112
建築はなぜ壊されるか　青木 茂 — 113

CASE 10　合併で余剰になった庁舎を図書館にリファイニング
真庭市立中央図書館 — 114

CASE 11　大規模店舗を複合文化施設にリファイニング
マイタウン白河 — 142

CASE 12　リファイニングで中心市街地を活性化
秋田オーパ — 154

CASE 13　繁華街好立地の廃墟ビルを蘇らせる
LLOYD'S HAKATA — 164

CASE 14　東京都内に唯一現存する木造「見番」を保存・活用する
港区立伝統文化交流館 — 172

CASE 15　既存校舎を活用し魅力ある学校施設に
藤沢翔陵高等学校 — 178

CASE 16　熊本地震で被災した施設を運営しながらリファイニングする
白川園暁荘 — 182

CASE 17　増築を繰り返し複雑になった施設を段階的に整備
若久病院 — 186

CASE 18　日本建築を鞘堂で守り幼児教育の場として活用する
松崎幼稚園 遊戯室棟 — 190

トークセッション②
建築再生で蘇る地方都市　太田 昇＋藻谷浩介＋青木 茂 — 130

建築データ — 194
プロフィール — 202　　あとがき — 205

住居系

Residence
CASE 1-9

ジャレド・ダイアモンドの著書『銃・病原菌・鉄』には、いかに人類が食料を手にすることに格闘していたかが書かれている。その中で、食料などのストックができると、特別な職種の人が出現する。シャーマン、支配者、医者、軍人等の専門職のひとつが石工（建築家）という職業ではないだろうか。文化や文明の発展はこのような専門職により構築されてきた。食料のストックが栄養となり、各種の技術や建築などのタネとなってきた。そして膨大な建築のストックとなり、文化を支えてきた。

本書の作成にあたり、日本では建物というストックがストックとして生かされているのかどうかということを考えてみた。特に分譲マンションについては、その在り方が今という時代に問われていると思われる。はたして、この膨大なストックをスクラップ・アンド・ビルドする必要があるのだろうか。それほど日本には資源が豊富なのだろうか。そして、スクラップ・アンド・ビルドによる環境へ影響はどうであろうか……そんなことが頭の中を駆け巡り、読者に問うてみたいと考えている。

マンション再生への道程

2005年11月、建築界に激震をもたらした姉歯事件以降、建築界はある意味、性善説から性悪説とみなされることになった。国もその方向に舵を切った。

そのような状況の中で建築再生を行なっていた私は、クライアントの要望と行政との間で苦しんでいた時代がある。

古い建物の社会的信用を獲得する手法として、リファイニング工事の際に確認申請を提出し直し、完成後に検査済証を再取得することで信頼を獲得するという手段を実行し、それを2010年3月、『建築再生へ リファイン建築の「建築法規」正面突破作戦』(建築資料研究社)という著書に著した。そして、2013年7月、国土交通省は「検査済証のない建築物に係る指定確認検査機関を活用した建築基準法適合調査のためのガイドライン」を公表した。その後、私は金融界との協議を重ね、銀行と業務提携を行って長期の融資制度をつくり上げてきた。このことは首都大学東京特任教授退官記念対談集『リファイニング建築は社会を変える』(建築資料研究社)において、元りそな銀行の吉川薫氏との対談で詳述している。このふたつのことは、築年数の古い建物はスクラップ・アンド・ビルドされるという、日本の常識を変えたのではないかと自負している。

これを外部に広げるために、ひとつは本を著すという方法を取り、昨年まで所属していた首都大学東京での研究費とポケットマネーなどで出版を行ってきた。

しかし、それにも限界があり、私自身の仕事ができる時間を考えると、ウィングを広げる必要があると思っていた。既存建築のストックを考えれば、私の事務所だけでは到底カバーできない量の古い建物が毎年毎年増えている。民間企業と業務提携をすることにより、建築再生を社会に定着させることができないか、と考えた。

そんなとき、三井不動産やミサワホームから申し出があり、業務提携によるプロジェクトがスタートした。現在、2社それぞれ2案件の完成をみて、今も数件のプロジェクトが進行中である。企業側のメリットは、検査済証の取得とリファイニング工事中の記録を残すことによって、築年数の古い建物が不良債権とならないことである。

今後、建築再生に取り組む企業、そして建築界以外との関わりも広がりを見せることになるのではないだろうか。これらの社会的な問題は、建築界を含めた社会全体で解決していく必要があることは明白である。また、そういう社会になることを願っている。

本書の中で紹介している「池田山パインクレスト」はわが社では2棟目の分譲マンションの再生である。このマンションは「マンション100年クラブ」という団体により丁重に管理されていたので、リファイニング工事をスムーズに行うことができた。

現在、わが社では2棟の分譲マンションの調査と基本構想が進んでいるが、積立金の不足は深刻であり、解決はまだまだである。これらのマンション以外でも、リファイニング工事の受託を躊躇せざるを得なかった案件が多々ある。

今後、分譲マンションの建築再生は大きな社会的問題になると思われる。否、潜在化して表面に表れていないだけかもしれない。マンションの補修積立金の不足は深刻な状況であり、山岡淳一郎氏の著書『あなたのマンションが廃墟になる日』(草思社)を読んでいただくと、マンションの抱えている問題がわかる。

住宅金融支援機構では管理組合向けに「マンションすまい・る債」等の融資制度等を行っているが、まだまだ追いついていない。根本的な解決には時間がかかると思われる。私は、解決策は今行われているいろいろな制度を組み合わせて、さらにプラスしてなにがしかの政策が必要だろうと考えている。

現在、自治体が出している政策には玉突きの建て替え(1棟分の用地を見つけて、それをタネ地として順次進める計画)などがあるが、場所が違い、都市計画が違う所で建て替えるのはかなり難しいのではないかと考えている。また、耐震等の工事が完成すれば補助金を出すシステムなどもあるが、それぞれの住人が抱えている金銭的な問題や住民の合意形成など、建て替えにたどり着くまでの道筋はなかなか大変である。

有効な手段があるとすれば、私がこれまでに実施した2例のように、住人に多少の迷惑はかかるが、住みながら施工を行い、耐震補強と設備をやり替える手法が有効だと思う。それに伴うリバースモーゲージや住宅金融支援機構が出している管理組合への貸付制度、合意形成の補助金等があるが、まだまだ十分な金額とはいえない。所有形態の変更の政策等、これらを組み合わせたあり方の研究が必要であろう。
(青木茂)

CASE 1　旧耐震基準の学校施設を賃貸共同住宅にリファイニング

ASPRIME 千代田富士見

東京都千代田区
リファイニング
2018年 ← 1981年
共同住宅 ← 各種学校

老朽化により使われなくなった旧耐震の専門学校をミサワホームが取得所有し、青木茂建築工房が設計監理を行って賃貸共同住宅にリファイニングした。ミサワホームとの業務提携第2号案件である。

Before
南側外観。既存建物は道路に面して入口があった。

南西より見る。　　　　　　　　　　　　　　　　　　右頁：南東より見る。道路からスロープで「くの字」に折れて西側エントランスへアプローチする。

南西より見る。

南東より見る。

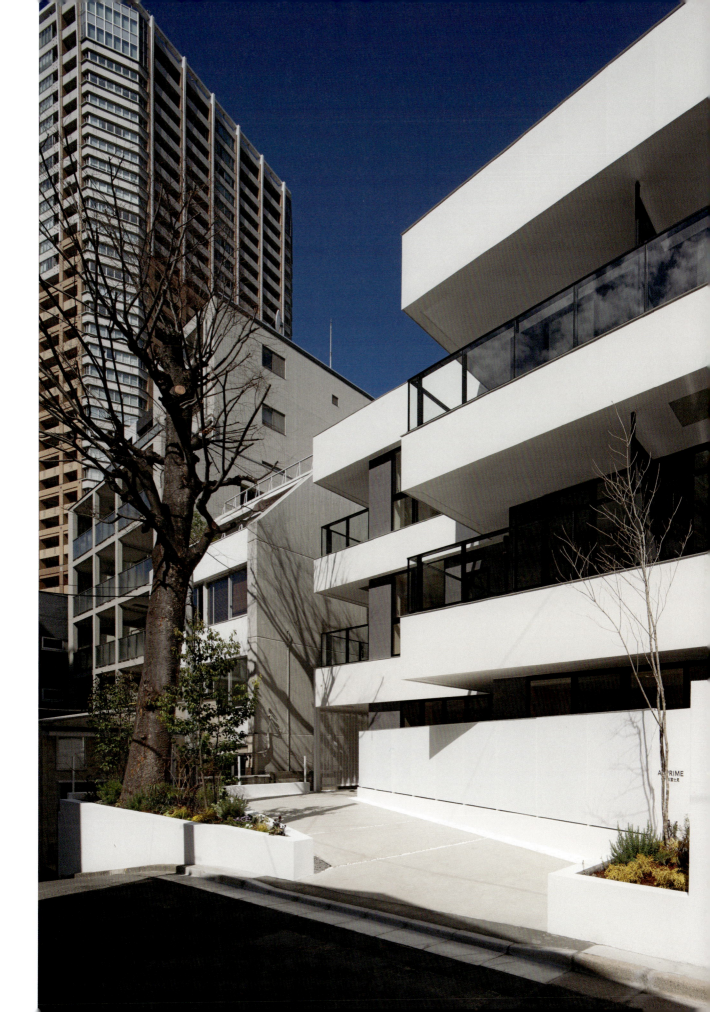

南側の前面道路から西側に周り込んで設けられたエントランスポーチ。

エントランスアプローチ。

1階ホール。

既存1階エントランスホール。南側前面道路に面していた。

北側外観。

北西コーナーに庭を整備した。

既存北西コーナー。

103号室

Before

既存教室（103号室）。

既存エントランスホール（101号室）。

既存教室（202号室）。

既存教室（104号室）。

101号室

Before

既存共用部（401号室）。

既存教室（402号室）。

既存教室（204号室）。

204号室

202号室

104号室

401号室

402号室

402号室

リファイニングのポイント

用途変更、大規模の模様替え・増築にて確認申請を行い、検査済証を取得することで再生後の遵法性を確保した。また、内装、外装、設備を一新し、新築同等の仕上がりとした。また、既存の学校建築の高い階高を活かし、天井高さ3000mmを確保し、広がりのある内部空間とした。

共用部は新たな開口を設け、明るい空間へ更新するとともに、エレベーターや緩やかな屋内階段を新設することで、使い易さとセキュリティーを兼ねた安全で安心な建物に一新した。

0：既存建物

築36年／RC造／地上4階／旧耐震基準／各種学校

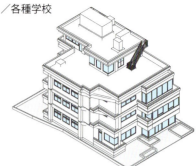

1：解体・撤去

建物の軽量化を図るため、構造・計画上不要な部分を撤去。エレベーター設置のための床スラブ、避難経路確保のため1階の一部を撤去。

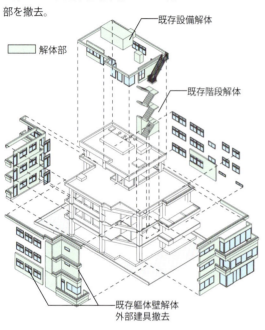

2：補強

使い勝手や意匠性を損なわないようにブレース等は用いず、コンクリートの耐震壁や開口閉塞などの既存壁など複合的に補強。

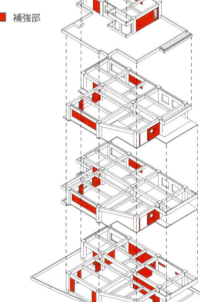

3：外装・防水・機能の更新

屋上防水を行い、既存軀体保護と意匠性向上のために外装を一新。
エレベーター新設、バルコニー増築。

4：リファイニング完了

401号室施工時。

402号室施工時。

共用廊下階段部分施工時。

101号室施工時。

1階共用ホール施工時。

01
外壁にRC耐震壁を設置 平面計画の自由度をUP

住戸の外壁部分にRC耐震壁を設置することで、自由度の高い住戸割りを可能とした。

2階平面

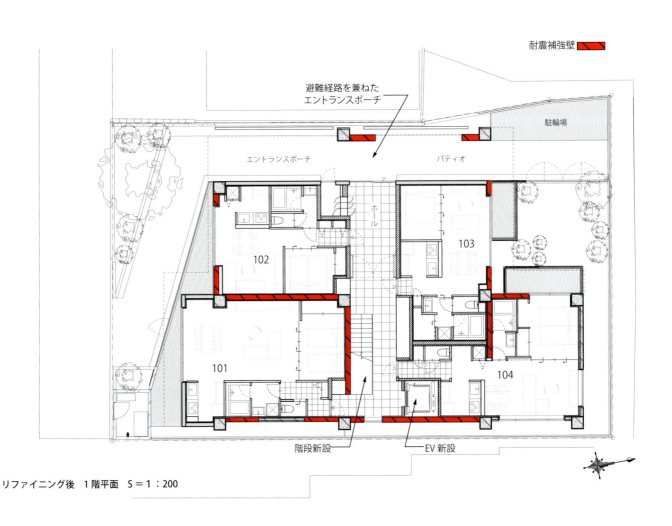

リファイニング後　1階平面　S＝1：200

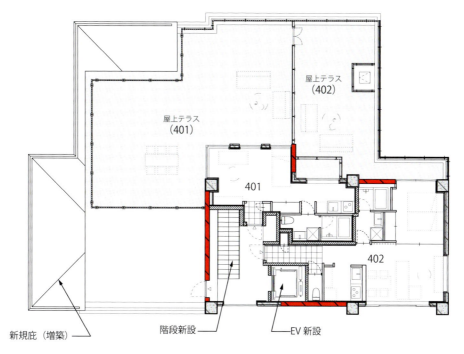

4 階平面

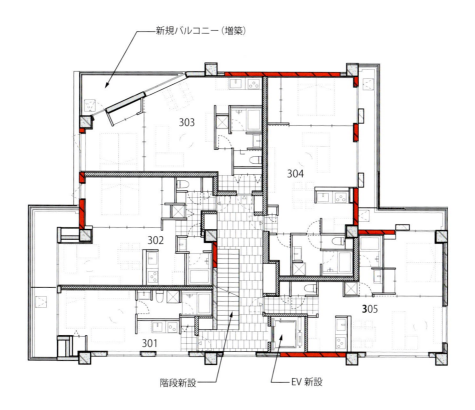

3 階平面

Before

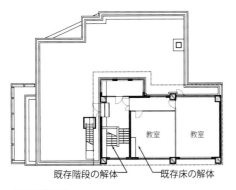

既存4階平面

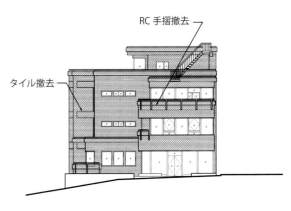

既存南立面

既存3階平面

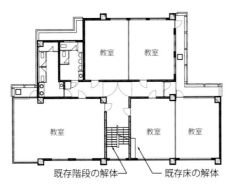

既存2階平面

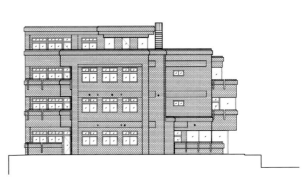

既存西立面　S＝1：400

既存1階平面　S＝1：400

既存建物データ

建設年：1981年

工事着手時築年数：36年

主要用途：専門学校

●既存建物資料の有無

確認済証：有

検査済証：有

設計図書：有

構造計算書：無

02
一体増築してバルコニーを設置

バルコニーを設置するため、一部一体増築を行い、住宅に必要な機能を確保。既存部分と増築部分は、水平ラインを強調するガルバリウム鋼板の外装により一体的に見せている。

南側外観夜景。

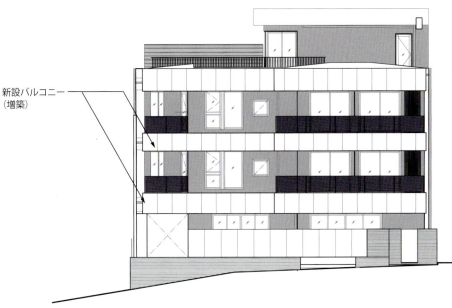

新設バルコニー（増築）

南立面

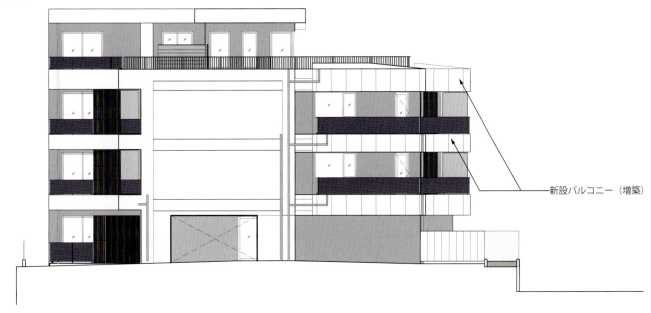

新設バルコニー（増築）

西立面　S＝1：200

CASE 2　築52年、銀行融資を取得してリファイニング
パークティアラ北馬込

東京都大田区

リファイニング

2018年 ← 1966年

共同住宅

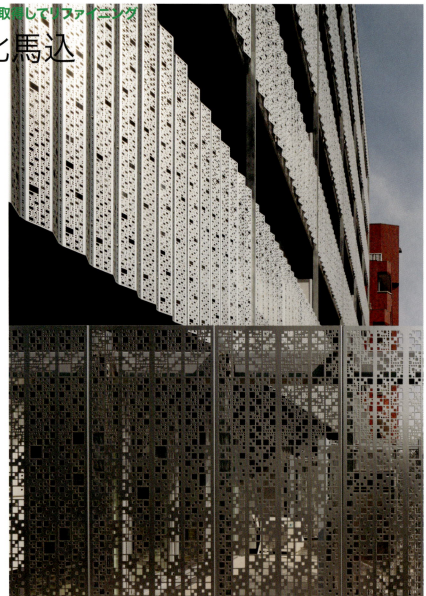

築52年の「検査済証のない共同住宅兼店舗」を耐震補強と同時に「大規模の修繕」で検査済証を取得した。また、「特定緊急輸送道路沿いの耐震助成金」の交付を受けている。

三井不動産と青木茂建築工房との業務提携第2号案件。現在、三井不動産レジデンシャルリースがサブリースを行っている。

既存建物データ
建設年：1966年
工事着手時築年数：52年
主要用途：共同住宅＋店舗
●既存建物資料の有無
台帳記載事項証明書：有
確認済証：有
検査済証：無
設計図書：有

Before

1階は店舗だったが、エントランスの前庭を持つ3住戸にコンバージョンした。　　　右頁：西側外観。

全景。防水は外断熱防水、外装には断熱性の高い塗料や金属板などを用いて躯体を保護している。

エントランス。

リファイニング後　南立面　S＝1：250

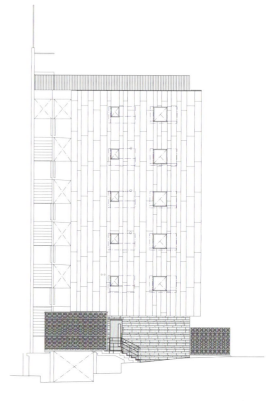

リファイニング後　西立面

西側外観。開口部を小さくし、妻側壁の耐震補強を行った。

既存西側外観。

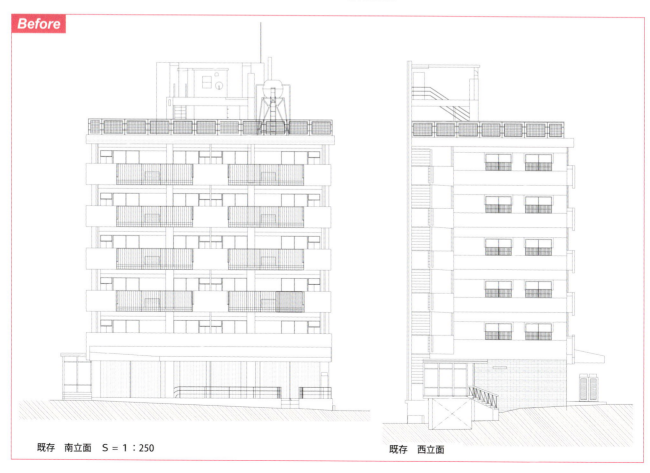

既存　南立面　S＝1：250

既存　西立面

上・下：3〜5階住戸。

上・下：6階住戸。

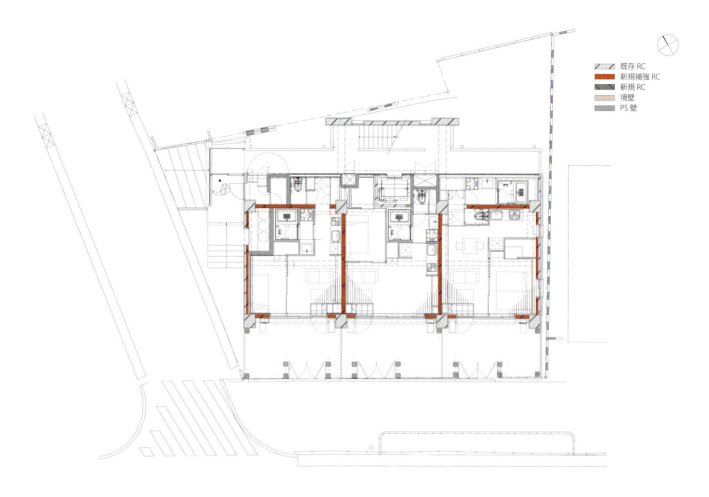

既存 RC
新規補強 RC
新規 RC
境壁
PS 壁

リファイニング後　1階平面　S＝1：200

1階住戸

1階住戸より道路側を見る。

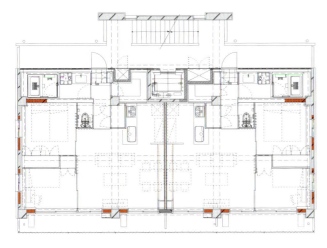

リファイニング後　6階平面

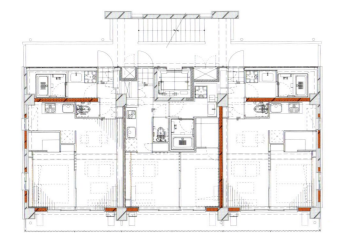

リファイニング後　3〜5階平面

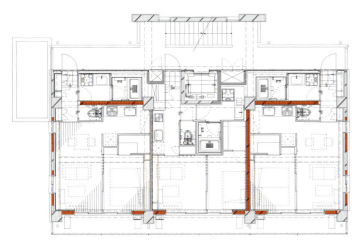

リファイニング後　2階平面

上3点：6階住戸。

3〜5階住戸。

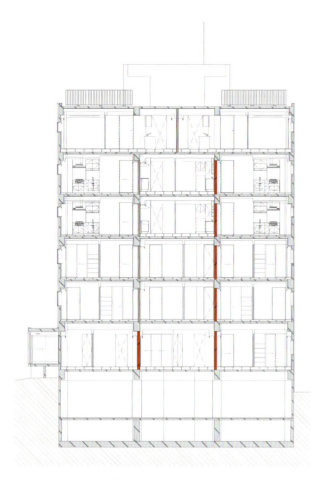

リファイニング後　東西断面　S＝1：250

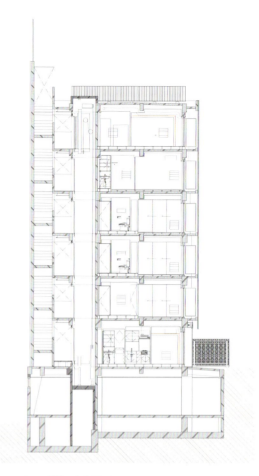

リファイニング後　南北断面

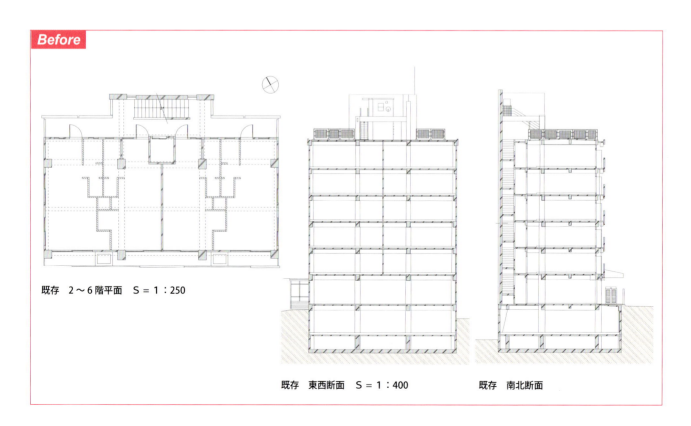

Before

既存　2～6階平面　S＝1：250

既存　東西断面　S＝1：400

既存　南北断面

リファイニングのポイント

既存建物は耐震性の問題があり、また老朽化が進行していたことから、クライアントと三井不動産、青木茂建築工房が総合的に検討を行った。建て替えた場合、現行法の日影規制・高度地区の高さ制限・容積率制限（既存不適格箇所）等により、既存建物のボリュームが確保できないため、既存建物のボリュームを維持し、コスト削減・相続対策・環境負荷低減などにつながるリファイニング建築手法を選択した。

既存建物の問題点
①新築時に完了検査を実施しておらず、検査済証を取得していない。
②既存の木造倉庫とEVシャフトは確認申請図書に記載がない。エレベーターは15年ほど前に設置された。
③耐震診断の結果、1～5階のIs値が低く、補強が必要。
④住戸のプランが現代の生活スタイルに合っていない（入居率20％）。

融資について
税務上の耐用年数50年を超えていたため、一般的には銀行から新たに高額融資を受けることは難しいが、金融機関との協議により、「耐震性の確保」「建物の長寿命化」「検査済証の取得」「収支計画」等の提案により、長期融資を受けることが可能になった。

Before

竣工当時（1966年）の様子。周辺に高い建物はほとんどなかった。

Before
リファイニング前の既存建物。

Before
既存建物。住居内の様子。

0：既存建物
築52年／RC造／地上6階・地下1階／旧耐震基準

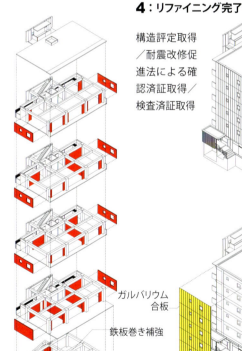

4：リファイニング完了
構造評定取得／耐震改修促進法による確認済証取得／検査済証取得

■ 解体部
■ 補強部
■ 新設部

ガルバリウム合板
鉄板巻き補強
有孔折板

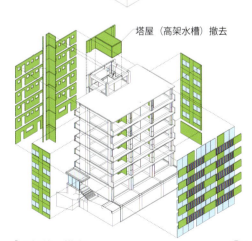

1：解体・撤去
建物を軽量化し、耐震性能を向上させるために構造・計画上不要な部分を撤去。

2：補強
コンクリートの耐震壁や袖壁新設、増し打ちや開口部閉塞等、既存壁を補強する方法を選択。壁補強はX方向・Y方向ともにバランス良く行う。

3：内外装、設備・防水等の更新
既存躯体保護と意匠性向上のために外装を一新。

01 耐震補強を兼ねてプランを一新

構造補強計画
既存フレーム内に耐震補強壁を新設（地下1階：柱鉄板巻きおよび柱増し打ち補強）、塔屋解体、廊下側壁の乾式化等による軽量化により、耐震指標 Is 値 0.6 以上を確保することで耐震評定を取得した。

住戸計画
既存建物では各階とも3フレーム内に4住戸（界壁：コンクリートブロック）だったが、フレーム内に新規耐震補強壁を設けて各階3住戸に変更。また、1階店舗を長屋に変更した（用途変更対象外）。

構造計画

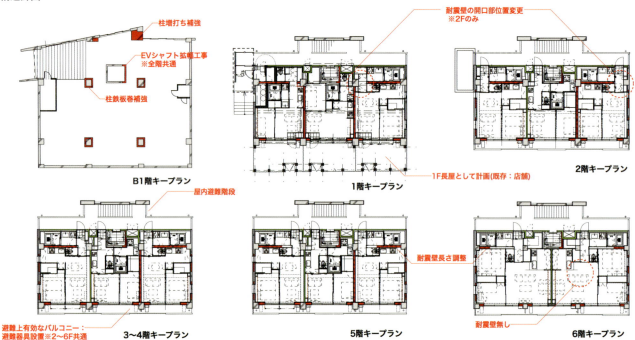

住戸計画

02
コンクリートの中性化対策（亜硝酸リチウム圧入工法）

中性化が進んでいた4～6階の梁に亜硝酸リチウムを圧入した。コンクリートがアルカリシリカ反応（ASR）によって著しく劣化した範囲全体に浸透拡散型亜硝酸リチウム40％水溶液を内部圧入することで、ASRの原因であるアルカリシリカゲルを非膨張化し、以後のASR劣化の進行を抑制する。

施工手順
①施工面を高圧洗浄またはディスクサンダー等により下地処理する。
②ひび割れ注入および表面シールを行い、圧入時の水溶液漏出を防ぐ。
③鉄筋探査を行った後、圧入孔を削孔。
④カプセル式加圧注入器、コンプレッサーを設置。
⑤全圧入孔に加圧入孔を行い、必要量を内部圧入する。
⑥エポキシ樹脂等により全圧入孔を充填。
⑦表面を仕上げる。

03
乾式化・開口閉塞で軽量化と補強を図る

Before

共用廊下の既存 RC 壁をアスロックに変更し、建物の軽量化を図る。

開口閉塞により妻側壁を補強。

04
袖壁・耐震壁を新設

使い勝手や意匠性を損なわないようにブレース等は用いず、コンクリートの耐震壁や袖壁を新設、増し打ちや開口閉塞などの既存壁を補強する方法を採用した。

　壁補強はX方向、Y方向ともにバランス良く行った。

現行法に則したEV設置のため、壁一面を解体し、EVシャフトを拡幅。

新規耐震壁および袖壁を設置して耐震補強。

CASE 3　耐震補強・増築・大規模模様替え・大規模修繕を実現

アンソレイユ氷川台

東京都練馬区

リファイニング

2017年 ← 1977年

共同住宅

リファイニング後の東立面。既存建物は当初6階建てを想定していたが、実際には4階建てに変更し、EV設置を取りやめたため、階段棟が必要以上に大きかった。そこで階段棟の外壁を残して、既存塔屋、RC階段を撤去し、鉄骨階段とEVを新設した。

現代のニーズに合う間取りへの変更、内外装および設備の一新、共用廊下の段差解消・エレベーター新設によるバリアフリー化、現行法令へ適合させるための各種工事を行った。

行政対応として建築基準法適合状況報告書12条5項報告書、建築確認申請および耐震評定を取得。なお、緊急輸送道路沿いの建物として耐震助成金が、加えて長期優良住宅化リフォーム推進事業補助金が交付された。完成後、建物全体にて検査済証を取得し、現在、三井不動産レジデンシャルリースがサブリースしている。

リファイニング後　東立面　S＝1：400

既存　東立面　S＝1：400

北側外観。アプローチ脇に多目的に利用できるデッキを設置。開放的で軽やかなエントランス周りにリファイニングした。既存塔屋、階段、既存エントランス庇等を撤去し軽量化を図っている。

暗く、重苦しい印象のアプローチだった。

リファイニング後　北立面　S＝1：400

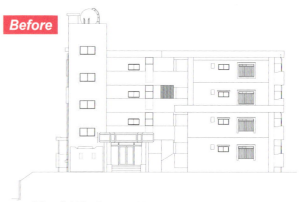

既存　北立面　S＝1：400

上・下：明るくなったエントランス。

東側外観。階段棟と一体化し、開口は一部閉塞している。補修に足場が必要となる箇所はガルバリウム鋼板で躯体を保護。

東側外観。

既存建物データ

建設年：1977年
工事着手時築年数：40年
主要用途：共同住宅
◉既存建物資料の有無
台帳記載事項証明書：有
確認済証：有
検査済証：有
設計図書：有
構造計算書：有

共用廊下。

共用廊下。廊下側の耐力壁厚を120mmから150mmに変更した。

Before

Before

1LDK　Aタイプ（41.25㎡）。

1LDK　Dタイプ（49.50㎡）。

リファイニング後 1階平面 S=1:300

西側外観。

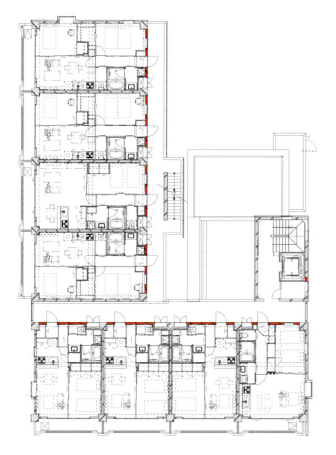

リファイニング後　2階平面

リファイニング後　3階平面

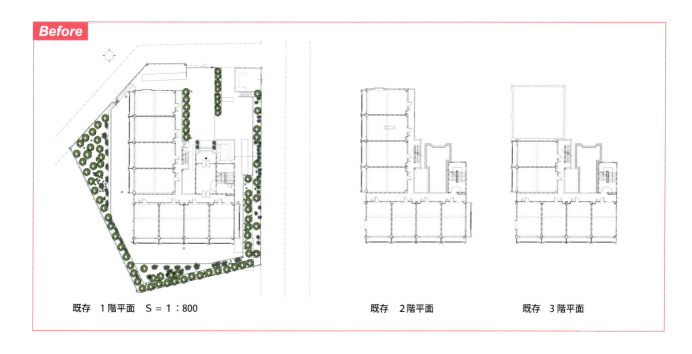

Before

既存　1階平面　S = 1：800　　　　　　　　既存　2階平面　　　　　　既存　3階平面

リファイニングのポイント

リファイニングのための調査の結果、既存建物には以下のような問題点があった。
①ゴミ置き場が道路側の前面にあり、通行人から丸見えだった。
②エントランスに光が入らず、暗い印象を与えていた。
③無許可の駐輪場が設置されていた。
④ゴミ置き場が敷地外に設置されていた。
⑤窓先空地の通路幅が不足していた。
⑥エキスパンションジョイントのクリアランスが不足していた。
⑦設備の配管が露出し、経路が複雑になっていた。
⑧屋上高架水槽が老朽化していた。

③図面に記載のない駐輪場が違法増築されていた。

④敷地外に塀の基礎やゴミ置き場の一部がはみ出していた。

①道路側前面にあるゴミ置き場が建物のイメージを印象づけていた。

⑤窓先空地の通路は避難通路として幅2m以上が必要。

⑥エキスパンションジョイントのクリアランス不足。

⑦設備配管が露出し、給気口と干渉するなど経路が複雑になっている。

②重い庇がエントランスに暗い印象を与えていた。

⑧屋上高架水槽の鉄骨柱のベースプレートと接合ボルトの老朽化が進んでいた。

01
検査済証を再取得

既存建物は確認済証および検査済証を竣工時に取得済みだったが、今回、増築・大規模の模様替え・大規模の修繕で確認済証を取得し、検査済証を再取得した。

・大規模の模様替え
既存階段室を解体、鉄骨階段とEVを新設。
・増築
エントランス庇、ゴミ保管庫、駐輪場増設。
・大規模の修繕
一部壁を解体し、新規耐震壁とした。
一部開口の位置、大きさ変更および閉塞。
間仕切り壁変更。

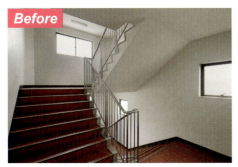
既存階段室。必要以上にスペースを取っていた。

適切な大きさになった階段室。

既存階段室の外壁を残して解体。

鉄骨階段とエレベーターを新設した。

02
耐震補強と同時に内外装・設備を一新

構造補強計画

耐震補強計画の特徴は大きく4つあり、廊下側の耐力壁厚を120㎜→150㎜に変更、Exp.J 幅を60㎜→130㎜に拡幅、既存塔屋およびRC階段の撤去（鉄骨階段新設）と既存エントランス庇等の撤去による軽量化により、耐震指標 Is 値を0.6以上確保した。

間取りの変更・バリアフリー化

・ニーズに合った間取りに変更
既存：A棟（2DK）16住戸
　　　B棟（3DK）12住戸
新規：A棟（1LDK 2タイプ）16住戸
　　　B棟（2DKおよび1LDK）12住戸
・EV新設、共用廊下の段差解消、スロープの新設

外構・外観

・緑が多い敷地状況を活かし、植栽等を整備。新しい動線計画を策定し、新規駐輪場、ゴミ保管庫、ウッドデッキ等を新設した。

外装

足場を組まないと補修できない箇所はガルバリウム鋼板で躯体を保護。各階で補修可能な箇所は吹付けタイルおよび左官塗壁とした。

設備

縦配管は共用廊下とバルコニー側などの共用部から点検できる、維持管理が容易な設備配置とした。

工事中の様子。

設備計画

既存　住戸平面　S＝1：125

0：既存建物

築40年／RC造／地上4階／旧耐震基準

1：解体・撤去

2：補強

4：リファイニング完了

3：内外装、設備・防水等の更新

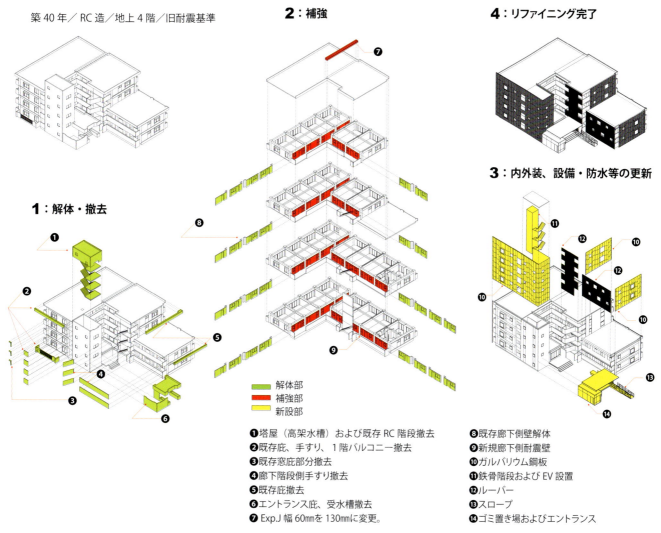

■ 解体部
■ 補強部
■ 新設部

❶塔屋（高架水槽）および既存RC階段撤去
❷既存庇、手すり、1階バルコニー撤去
❸既存窓庇部分撤去
❹廊下階段側手すり撤去
❺既存庇撤去
❻エントランス庇、受水槽撤去
❼Exp.J幅60mmを130mmに変更。
❽既存廊下側壁解体
❾新規廊下側耐震壁
❿ガルバリウム鋼板
⓫鉄骨階段およびEV設置
⓬ルーバー
⓭スロープ
⓮ゴミ置き場およびエントランス

After

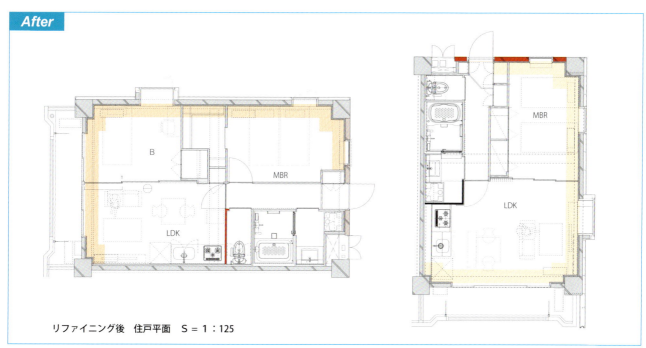

リファイニング後　住戸平面　S＝1：125

CASE 4 共用部のみの耐震補強で住みながらリファイニング
池田山パインクレスト

東京都品川区
リファイニング
2018年 ← 1973年
共同住宅

築44年の分譲マンションを住みながらリファイニング。耐震補強に合わせて大規模改修（エントランスを含む共用部の意匠の刷新、設備更新）を行い、工事項目を施主、CM会社、施工会社とともに選定することでコストパフォーマンスを最大化した。

住人たちにとって愛着のある外観には影響が出ないようにリファイニングした。

構造補強のために道路側駐車場の壁を一部閉塞した。

上・下:エントランスアプローチ。建設当初「白亜の殿堂」といわれた既存建物のオリジナルイメージを復刻すべく、白を基調とした明るいエントランスとした。

リファイニング後　3階平面

リファイニング後　2階平面

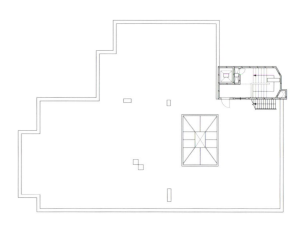

リファイニング後　塔屋2階平面

リファイニング後　塔屋1階平面

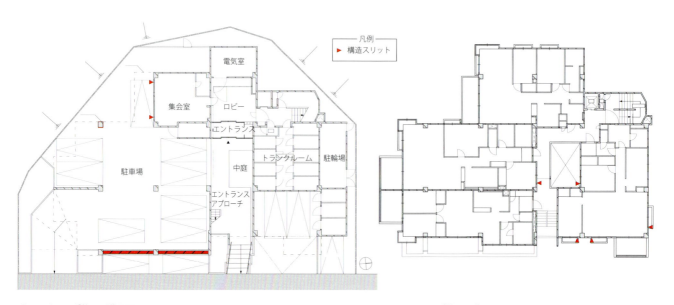

リファイニング後　1階平面　S＝1：400

リファイニング後　4階平面

Before

既存 3階平面

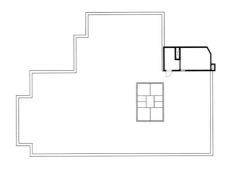

既存 塔屋2階平面

既存 2階平面

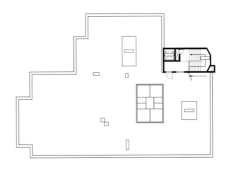

既存 塔屋1階平面

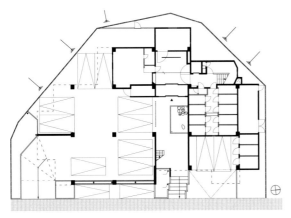

既存 1階平面 S = 1:500

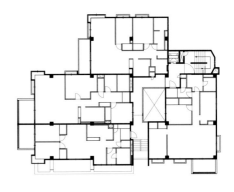

既存 4階平面

既存建物データ
建設年：1973年
工事着手時築年数：44年
主要用途：共同住宅（分譲）
●既存建物資料の有無
台帳記載事項証明書：有
確認済証：有
検査済証：有
設計図書：有
構造計算書：無

リファイニングのポイント

極脆性柱を解消する部分スリット工事や、下階壁抜け架構部分の開口閉塞補強を施し、建物の弱点を解消することで、壁量の多い強度型の構造的性質を有する既存建物の潜在的な構造耐力を発揮させる補強計画とした。

外部からの工事を可能とする部分スリットを多用することで、専有部に干渉しない、完全な住みながら工事を実現した。

斜面地に立つ建物のため、地盤指標G=1.05とし、通常の5%以上の耐震指標値 =IS 0.63を確保する計画としている。

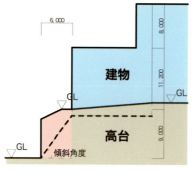

建物が高台のやや不安定な位置にあることを考慮する必要があった。

01
開口閉塞・柱補強
構造スリットによる補強

専有部への補強を少なく抑えるために、補強を複合的に行う。
①開口部閉塞補強。
②1階：鉄板巻きなどの方法により柱を補強し、駐車台数が減少しないようにする。
③構造スリットを設ける。
④ボイラー室2階を撤去し、偏心を改善。
⑤屋上の設備を撤去することにより建物の軽量化を図る。
⑥塔屋2階を撤去し、建物の軽量化を図る。

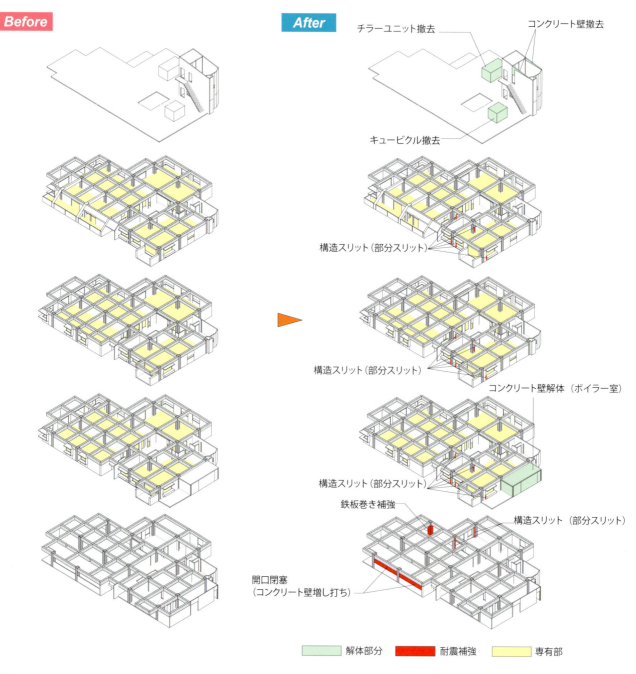

02
既存建物の弱点を解消

①構造スリットを設けることにより、大きな地震の際にスリット部分が先に壊れることで、建物の構造に影響する柱が壊れるのを防ぐ。
②壁抜け柱を鉄板で補強。
③端部に柱のない突出部や吹抜け、壁の偏りなど、構造的にバランスの悪い箇所を、旧ボイラー室の2階を解体することで改善した。

駐車場の開口部を一部閉塞して耐震補強を行った。

1階駐車場のピロティーの柱を鉄板巻きで補強。リファイニング前と同じ駐車台数を確保した。

屋上の設備を撤去、塔屋2階の立ち上がり壁は地震時に倒れる危険性があったため、撤去した。

構造スリット（部分スリット）を設ける

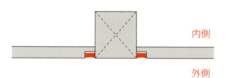

大きな地震の際には壁に亀裂が入ることがあるが、屋外側に防水処理をすることで漏水を防ぐ。

構造的にバランスの悪い箇所を改善する

既存　2階平面

CASE 5　東日本大震災で被災し「半壊」認定のビルをリファイニング

佐藤ビル

宮城県仙台市

リファイニング

2015年 ← 2011年被災 ← 1969年

共同住宅 ← 事務所＋共同住宅

右頁：南側外観。外装は既存軀体保護と意匠性の向上のために、新たにガルバリウム鋼板および弾性系の断熱塗装等による仕上げ。建物の改修に併せて外構の整備を行い、敷地内への無断侵入や無断駐車の抑制を図り、事故発生を予防した。

南東より見る。

東側外観。階段の1階部分が前面道路に近接して配置されていた。

上：東側外観。階段の1階部分を内部化し、安全に前面道路に出るための動線を確保した。

既存建物は全戸南向き、仙台駅からほど近い好立地にありながら、間取りや設備の陳腐化により入居状況は好ましくなかった。現オーナーが建物を相続し今後の運用について検討していた時に、東日本大震災が起こった。先代から譲り受けた建物を建て替えずに残したいというオーナーの思いがあり、リファイニングを選択した。

既存建物は税務上の耐用年数の50年に近づいていたため、新たに銀行から高額の融資を受けるのは困難だったが、リファイニング計画の主旨を詳細に説明して、住宅金融支援機構および日本政策金融公庫から、古い建物を再生させる計画として復興支援融資を受けた。良質な賃貸住宅の供給や地域のまちづくりの推進に寄与したとして、平成28年度住宅金融支援機構理事長賞を受賞。また、本計画は「震災被害を受けた建築再生の取り組みに省CO_2対策を取り入れた」として、賃貸住宅の居住者同士の交流も含めて、震災復興の課題に対応する「平成26年度の国土交通省の第2回省CO_2先導事業」のモデル事業として採択された。

既存南側外観。1階は事務所、上階は賃貸マンションとして使用していた。

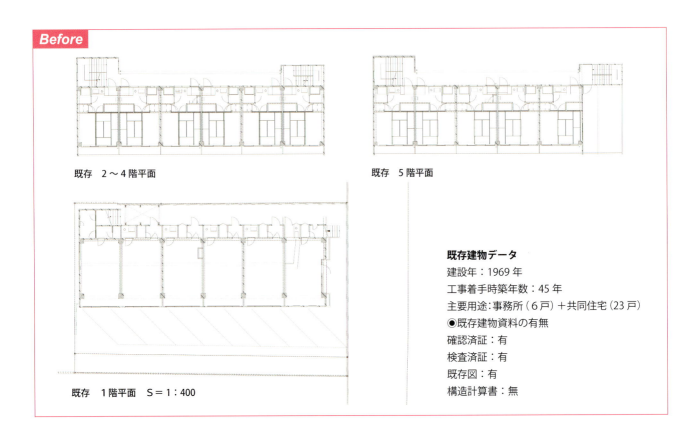

既存 2〜4階平面

既存 5階平面

既存 1階平面　S＝1：400

既存建物データ

建設年：1969年
工事着手時築年数：45年
主要用途：事務所（6戸）＋共同住宅（23戸）
●既存建物資料の有無
確認済証：有
検査済証：有
既存図：有
構造計算書：無

リファイニング後の南側全景。

エントランスアプローチが新たに設けられ、1階エントランスには集いのホールを設けて、人と人とがつながるスペースを設置した。

リファイニング後　5階平面

リファイニング後　2〜4階平面

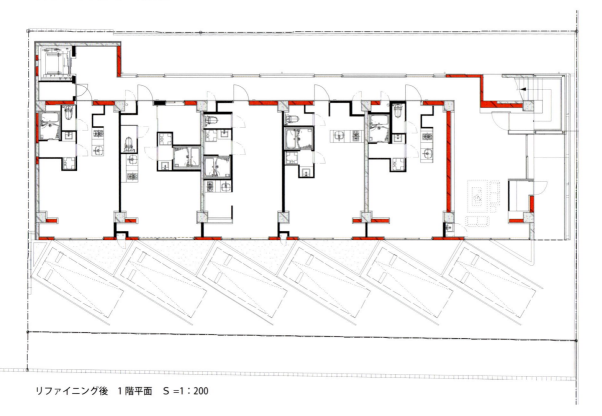

リファイニング後　1階平面　S =1：200

新たに設けられた1階エントランスの集いのホール。

新設されたエントランスホールはかつて店舗だった。

内部廊下突き当たりの旧階段室にEVを新設。

1階内部廊下。

標準階プラン。室内は畳敷きの和室中心の室構成だったが、現代のライフスタイルに合わせてリビングスペースを確保した。

1フロアに同じ間取りはなく、タイプごとに床や壁の仕上げ材の色合いを変えた。

1階、旧貸事務所を住居に用途変更した。

入居者の様々な要望に対応できるように賃貸住戸は全15パターンの間取りを計画した。

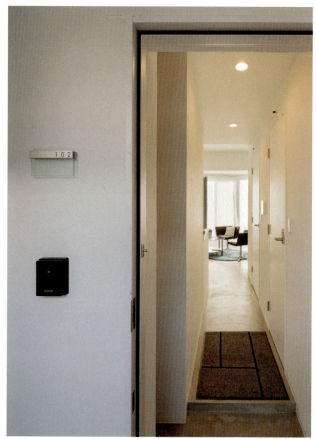

土間仕様の1階住居。

上・下：5階オーナー住居。L字型にベランダを巡らした、明るく快適な住まいになった。

リファイニングのポイント

既存建物には日影制限、高度地区の集団規定の既存不適格があった。建て替えた場合、現状の建物の高さを確保できないため、リファイニングにより建物の形状を維持することは大きなメリットがあった。

また、既存の直通階段は面積の算定方法に既存不適格があり、再度確認申請を行い検査済証を再取得するために是正する必要があった。

本建物は新築時に検査済証を取得していたが、今回、1階の事務所を共同住宅に用途変更することと、階段の改修にともなう大規模の模様替えと増築を行うことで、仙台市役所と協議を行い、確認申請が必要な工事内容であることを確認した。仙台市消防とも協議を行い、現行法に遡及する計画とした。

0：既存建物

築45年／RC造／地上4階／旧耐震基準

1：解体・撤去

西側階段を撤去。

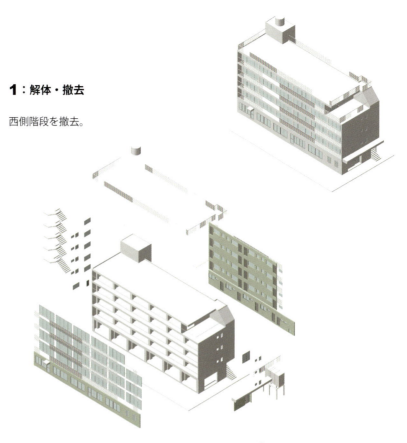

2：補強

耐震壁増設、袖壁補強、梁補強、開口閉塞補強。

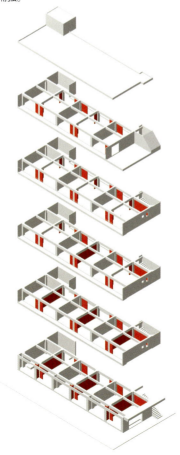

3：内外装・設備・防水等の更新

1階事務所を共同住宅に用途変更。
安全性の確保のため、屋内階段とスロープを増設。エレベーターを新設。

4：リファイニング完了

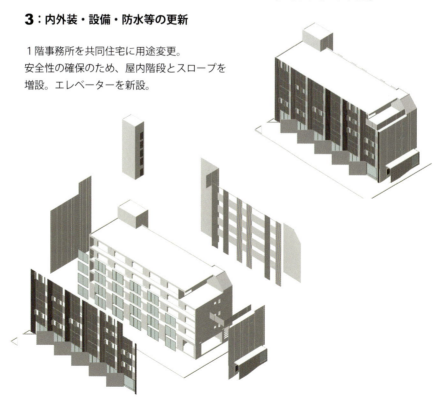

01
構造調査

耐震改修促進法等の基準を満足する補強計画とするために、第1段階としてコンクリートコア抜き取り調査、はつり調査、鉄筋探査、不同沈下調査、ひび割れ調査を行った。その結果、標準偏差を考慮したコンクリート圧縮強度は22.7N/㎟であり、設計基準強度である20.7N/㎟を各階で上回っていた。中性化深さに関しては、基準式から算定した推定値の24.2㎜と比べ、試験結果は全体平均19.4㎜と低かった。中性化の進行が遅く、概ね仕上げが中性化の抑制に良好に機能していると考えられた。はつり調査、不同沈下調査では問題となる事項はなかった。

構造調査と同時に軀体の実測調査を行った。その際に手すりの高さや、廊下幅、階高などを調査することにより、遵法性の確認を行った。この構造調査と実測調査をもとに既存建物の耐震診断を行うための基礎情報を整理した。

02
補強計画

構造調査をもとに既存建物の耐震診断を行い、現状のIs値を確認したところ、既存建物のIs値は0.6を下回っており、耐震補強が必要と判断された。

既存図から解体方法を検討して解体図を作成した。機能的に解体しなければ計画が成立しない場合があるが、建物を軽量化して耐震性を向上させることで、より効率的に効果的に解体を行うことができれば、ただ減量するのではなく、複合的な意味を持った解体を行うことが可能となる。その際に建物がバランス良くなるよう考えた。また、解体の際、足場が必要な解体と不要な解体ではコストが異なる。解体した材料の搬出にも費用がかかるので、解体に伴う様々なコストを把握した上で検討する必要がある。

コンクリートの解体は、改修後の計画と同時に検討を進めた。補強・補修方法を検討し補強図を作成した。どこにどのように補強・補修すれば建物のバランスが良くなり、耐震性が向上するか、必要な機能のスペースは取れるか、デザインはどうか、などである。壁を入れることにより使用上の機能が制約を受けるなど機能性が低下しないことを前提に、耐震壁を設置した。また、桁行方向の既存梁を増し打ちし、たわみを抑えた。この梁補強の設置箇所は、各住戸の玄関上部の梁と、バルコニーに面する梁部分とし、Is値（耐震指標）を0.3から0.6に引き上げた。

耐震補強の結果、耐震診断結果はどの階・方向でも、Is値、CTUSD値が目標を上回っており、「想定する地震の震動および衝撃に対して倒壊し又は崩壊する危険性が低い」と判断された。

北側外部廊下の補強工事。

北側外観。

Before

北側外部廊下。

Before

03
法的検討

増築のための許可申請

既存建物は、共同住宅の出入口が前面道路に距離をとらずに設置されていた。交通上の安全性を確保すること、またアクセシビリティーの向上、高齢者の利用に対する配慮から、安全上、必要な勾配を確保したスロープを設置するために、改修および増築が必要だった。さらに、避難時の安全性を確保するため、東側の直通階段の1階部分を屋内化する増築を行う必要があった。

既存建物に対して建築基準法上の増築を行う場合、既存建物は現行法の遡及が求められるが、調書を用いて既存不適格の証明を行うことができれば、法86条の7の制限の緩和により遡及を受けずに増築を行うことが可能となる。日影制限の既存不適格がある建物に対して増築を行うため、建築審査会の同意を得る必要があった。いずれの増築も日影曲線を算定する受影面（4m）以下の増築のため、現状から改修後の日影図の変更を生じさせないことから、敷地周辺の環境に変更はない。ただし、既存不適格であるとはいえ、日影規制の規制値を超えて影を落としていることについて、北側の土地・建物の所有者および建物の占有者に対して本計画の説明を行い、改修計画の同意を得た。改修計画の合理性を仙台市の関係部署に対する説明と、近隣者の合意により、仙塩広域都市計画高度地区の規定に基づく許可および法56条の2ただし書きに基づく許可申請を行い、2014年8月4日に許可通知書を取得した。

現行法における遵法性を証明する3種の工事種別に関する確認申請

居住者の高齢化を考慮し、エレベーターとスロープの設置によるアクセシビリティーの向上と同時に、建物改修に併せてゴミ置き場などの外構の再整備を計画し、敷地内への無断侵入や無断駐車の抑制を図り、事故発生を予防した。

許可通知書と耐震判定書の交付の後、増築、用途変更、大規模の模様替えの建築再生特有の確認申請を2014年8月6日に提出し、2014年10月2日に確認済証が交付された。さらに2015年12月26日に現行法における検査済証を取得した。

耐震壁の増設工事。

旧階段室をEVシャフトに変更。

CASE 6　好立地を活かして寄宿舎を賃貸共同住宅にリファイニング

レスピール三鷹

東京都三鷹市

リファイニング

2017年 ← 1973年

共同住宅 ← 寄宿舎＋共同住宅

Before

左：既存、北西より見る。
左頁：リファイニング後、西側外観。

利便性の高い閑静な住宅街という好立地にある寄宿舎を、賃貸共同住宅として再生したプロジェクト。周辺には低層住宅がひろがり、上階からの眺望が良い。耐震補強と併せて内外装および設備を一新し、建物の長寿命化を図ることで、老朽化した建物の価値向上を図った。

エントランス。

エントランスホール。

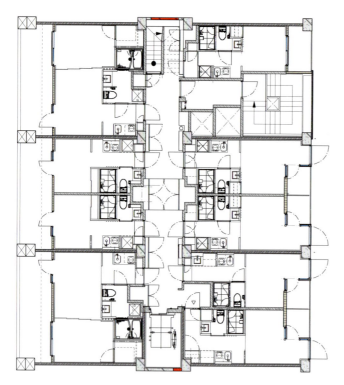

リファイニング後　9階平面

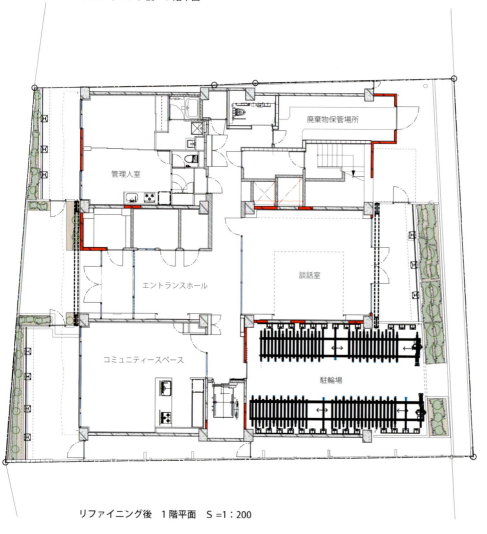

リファイニング後　1階平面　S=1:200

上・下：1階コミュニティースペース。居住者の交流空間。

低層階ベランダ。

高層階室内よりベランダを見る。

低層階居住スペース。

既存建物データ
建設年：1973年
工事着手時築年数：44年
主要用途：寄宿舎＋共同住宅
●既存建物資料の有無
確認済証：有
検査済証：無
設計図書：有
構造計算書：無

北西側外観夜景。

既存　1階平面　S＝1:250

既存　基準階平面

リファイニングのポイント

事業主の要望は、寄宿舎を共同住宅に用途変更して利用したいということであった。それを実現するためには、現行法の階段の規定を満足する必要性があった。プランニングを検討した結果、特別避難階段を設置することになり、これが主要構造部の過半の模様替えに該当し、大規模の模様替えとなった。また、エレベーターの老朽化にともない再設置することとなり、これらの法的な対応を行うことで、民間指定審査機関に確認申請を行い、確認済証を取得。工事完了時には、検査済証を取得した。

01
構造的検討

既存建物の構造調査

コンクリートコア圧縮試験、鉄筋のはつり調査、超音波による鉄筋の配筋探査調査、不同沈下調査などの調査結果をもとに、耐震補強に耐え得る構造体であることを確認した上で、既存建物の耐震性能を確認するための耐震診断を実施した。

・X方向（張間方向）の耐震性の判定

耐震性能を決める主たる構造要素は耐震壁である。2～9階の耐震壁はブレースが内蔵されており、その強度で耐震壁の耐力が決定される。1階は在来工法によるSRC造で、以前の改修工事で耐震壁に開口が設けられていた。2次診断の結果、構造耐震指標 Is は全階で構造耐震判定指標 Iso0.6 を上回った。また、CTU・SD は全階で 0.30 を上回った。以上より「地震の震動及び衝撃に対して倒壊し、又は崩壊する危険性が低い」と判定された。

・Y方向（桁行方向）の耐震性の判定

耐震性能を決める主たる構造要素は純ラーメン架構の柱と大梁である。HPC構法である2～9階の破壊形式はせん断梁および曲げ梁が混在した梁支配型であり、中柱パネ

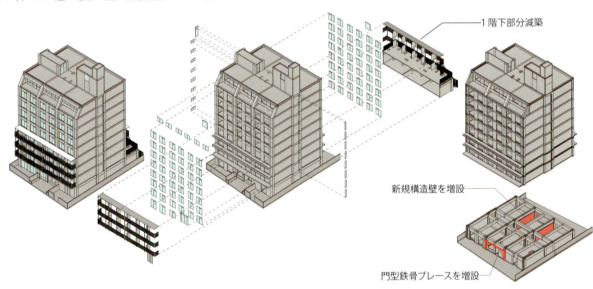

0：既存建物

築44年／SRC造／地上9階／旧耐震基準

1：解体・減築

構造上および計画上不要な部分を解体

2：補強

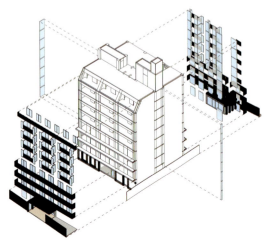

3：内外装、設備・防水等の更新

新たな仕上げと設備を一新し、デザインと機能性を向上。

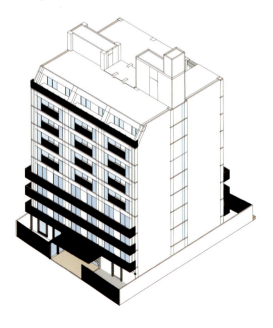

4：リファイニング完了

ルゾーンの終局耐力が不足するため、PCa梁の靭性指標は2.5となる。3次診断の結果、2階以上で梁降伏先行の全体崩壊形となった。靭性が大きく、構造耐震指標 Is は2〜9階で Iso=0.6、CTU・SD=0.25を上回った。

在来SRC造である1階の耐震性能を決める主たる構造要素は袖壁付柱であり、靭性が低く F=1.0 で Is 値が決定されている。結果、構造耐震指標 Is=0.51 となり Iso=0.6 を下回った。以上より「地震の震動及び衝撃に対して倒壊し、又は崩壊する危険性がある」と判定された。

耐震次数は X 方向を第2次診断としているが、Y 方向では PCa 梁の先行降伏を考慮して第3次診断を採用した。既存建物の診断結果は、Y 方向1階の Is 値のみが判定値を満たしていないため、以下の補強計画を行った。
① 塔屋屋上煙突および高架水槽の撤去。
② 既存コンクリートブロックの撤去。(全階)
③ 構面内雑壁撤去、乾式壁置き換えによる建物重量の軽減。(全階)
④ 1階下屋部分減築による建物重量軽減。
⑤ 1階下屋部分減築による立面剛性バランスの改善。

以上の撤去・改修にともない、各階重量が軽減されることを見込んだ上で、1階 Y 方向にポータルグリッド（PG）工法による、外付けの鉄骨門型架構をあと施工アンカーで既存本体架構と一体化することにより、耐震補強を行った。これらの補強・改修の結果、本建物の耐震性能は、すべての階で Iso 判定値 0.6 を満足しており、累積強度指標 Ctu・Sd は 0.25 以上となっている。これらの補強計画により、耐震評定書を取得した。

02
法的検討

本建物は検査済証がないため、国土交通省のガイドラインに基づき、既存不適格建築物の証明を行った。具体的な主な既存不適格部分は高さや日影規制（法56条）や容積率（法52条）などの集団規定、また構造耐力（法20条）や階段の規定などの単体規定などである。これらの現行法規には適合しない事項があるが、建設当時の法規は満足していることを証明し、建築基準法第12条5項の報告として三鷹市に提出、特定行政庁との協議を重ね完了した。

03
計画的検討

寄宿舎として利用されていたため水回りのない住戸には、水回り(トイレ、ユニットシャワーもしくはUB、キッチン)を設置した。設備は維持管理が容易な計画とするために、共用部分からメンテナンスができるようにした。

居住スペースは現代のライフスタイルにあったプランとし、すべての住戸に水回りを組み込んだ。また、みんなが集うための談話室とコミュニティースペースを1階に設け、集まって住まう楽しさを感じることできる計画とした。

専用部の解体の様子。

専用部のインテリア例1。

エレベーター設置用に床を解体。

専用部のインテリア例2。

特別避難階段設置用に床を解体。

共用廊下の解体の様子。

CASE 7　エレベーター・エントランスを増築し、新築同等に

光第2ビル

福岡県大野城市

リファイニング

2016年 ← 1975年

共同住宅

周囲からの視界を遮り、プライバシーに考慮しつつ、地窓から自然光を取り込んだエントランスホール。
(pp.78-79) 建物の東西を貫く1本の白いラインにより、増築したエントランスホール等が既存建物と違和感なく一体に見えるようにした。

エントランスとエレベーターを増築した。

増築したエントランスホール。

既存東側外観。

既存住居内部。

リファイニング後のインテリア例。

バルコニーの手摺壁はルーバーのピッチを最小限に詰めて、通風採光を確保しながら周囲からの視線を遮っている。

既存外壁をグレー、新規外装および増築部を白色として、既存と増築部分を一体的に見せている。

既存バルコニー側外観。

既存妻側および共用廊下側外観。

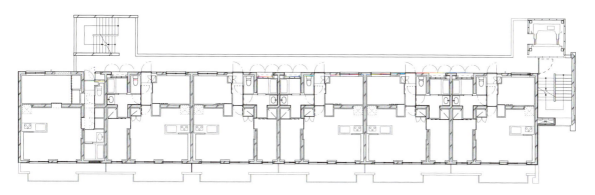

リファイニング後　2階平面

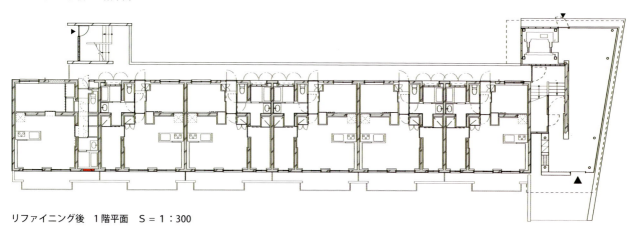

リファイニング後　1階平面　S = 1：300

Before

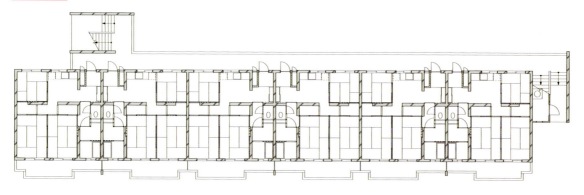

既存　基準階平面　S = 1：300

既存建物データ
建設年：1975年
工事着手時築年数：41年
主要用途：共同住宅
●既存建物資料の有無
確認済証：有
検査済証：無
設計図書：有
構造計算書：有

既存階段室。

リファイニングのポイント

0：既存建物

築41年／RC造／地上5階／旧耐震基準

1：解体

構造上および計画上不要な部分を解体

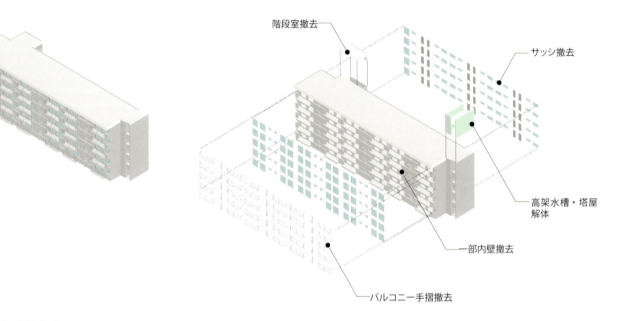

- 階段室撤去
- サッシ撤去
- 高架水槽・塔屋解体
- 一部内壁撤去
- バルコニー手摺撤去

2：増築・新規外装

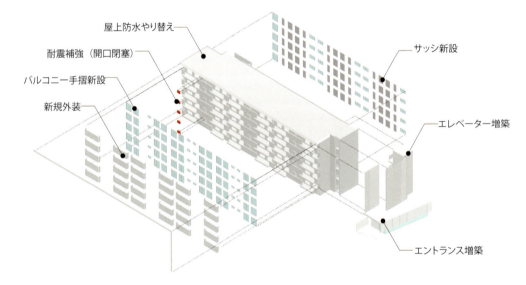

- 屋上防水やり替え
- 耐震補強（開口閉塞）
- バルコニー手摺新設
- 新規外装
- サッシ新設
- エレベーター増築
- エントランス増築

3：リファイニング完了

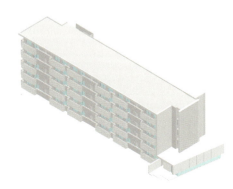

01
法的な手続き

既存建物は、建設時に確認申請は行ったが完了検査を受けていなかったため、検査済証がなかった。今回の計画ではエントランスホールとエレベーターの増築を行うため、再度確認申請を行う必要があった。確認申請を行うには既存建物の遵法性と、建設時以降に法改正があった箇所については既存不適格扱いであることの確認が求められたため、既存不適格調書を県土整備事務所に提出した。

既存不適格項目以外の単体規定、集団規定については現行法規に遡及する計画として確認申請を行い、工事完了後、完了検査を受け、検査済証を取得した。

また、既存建物竣工後の1976年に日影規制が施行されたため、現行の日影規定を満足していなかった。竣工後の法改正であるため日影規制に関しては既存不適格となるが、増築を行うため現行法の遡及が求められた。増築後も既存の日影線を越えないように階段室上部の高架水槽と塔屋を解体し、建物のボリュームを調整することで、建築審査会の同意および特定行政庁の許可を得た。

構造については、増築部分の面積が延床面積の2分の1以下の計画とし、既存建物と増築部分がエキスパンションジョイントを介して接続すること、さらに耐震診断を行い、構造耐震指標 Is 値を0.6以上確保することで、建築基準法第86条の既存の建築物に対する制限の緩和を適用した。法第20条の構造耐力については、既存不適格となっている。

02
新たな融資の仕組み

本計画は、法定耐用年数によらず、物理的な残存寿命を基に融資返済期間を設定したリファイニング事例である。第三者調査機関に委託して、軀体の耐用年数推定調査を実施し、リファイニング後の物理的な残存寿命を推定した。リファイニングを行うことによって残り50年の寿命と推定され、その結果を基に35年返済の融資を受けた。

以下の一連の作業を行うことで、築41年の既存建物が新築と同等に長期の融資を受けることが可能となった。

・確認申請を行い、工事完了後に完了検査を受けることで法的なお墨付きを得る。
・耐震診断を実施し、Is 値0.6以上を確認する。
・家歴書を作成し、補修の記録を全数取る。
・耐用年数調査を行い、物理的な残存寿命を推定する。

リファイニング後　南立面

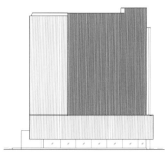

リファイニング後　東立面

リファイニング後　北立面　S = 1:400

リファイニング後　西立面

CASE 8　リファイニングで公宅用地を有効活用

ASPRIME 初台

東京都渋谷区

リファイニング

2017年 ← 1963年

共同住宅 ← 寄宿舎

北海道は、東京都渋谷区に保有する築50年超の職員住宅が建つ土地の有効活用を図る目的で、2016年2月に「旧初台公宅用地有効活用事業」の公募を行った。

青木茂建築工房は業務提携を結んでいるミサワホームと、ストック活用・環境負荷低減の観点からリファイニング建築により再生する共同提案を行った。2016年5月に事業者選定を受け、9月に北海道と基本協定を締結した。

南西より見る。

既存、南西より見る。

リファイニング後　基準階平面

リファイニング後　1階平面　S = 1：250

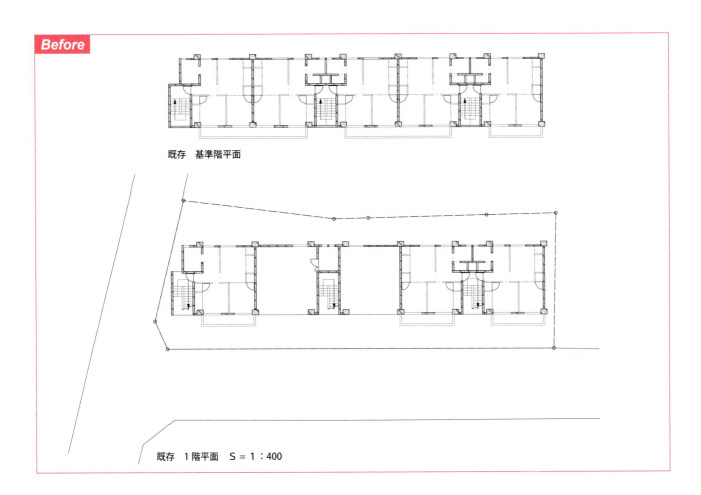

Before

既存　基準階平面

既存　1階平面　S = 1：400

87

リファイニングのポイント

既存建物は寄宿舎として使用されており、全住戸南面向き、初台駅からほど近く好立地だが、間取り・設備の陳腐化や防犯性の低さが問題として挙げられた。また、現行の耐震基準に合致しておらず、耐震改修の必要性があった。耐久性においては、コンクリートの耐用年数推定調査に基づき必要な改修を行うことで、物理的な耐用年数を50年に延長することを目標とした。

既存建物データ
建設年：1963年
工事着手時築年数：54年
主要用途：寄宿舎
●既存建物資料の有無
確認済証：有
検査済証：無
設計図書：有
構造計算書：無

0：既存建物

築54年／RC造／地上4階／旧耐震基準

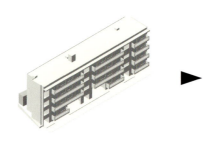

4：リファイニング完了

01 構造的検討

構造調査ではコンクリートコア抜き取り調査、はつり調査、鉄筋探査、不同沈下調査、ひび割れ調査を行い、既存建物の軀体の状況を調査した。その結果、標準偏差を考慮したコンクリート圧縮強度は、22.7N/㎟（231kg/㎠）であり、設計基準強度18.0N/㎟（183kg/㎠）を各階で上回っていた。中性化深さに関しては基準式から算定した推定値の26.6mmと比べ、試験結果は全体平均22.5mmと低かった。調査した範囲において、中性化の進行状況はおおよそ標準的な進行速度と考えられた。はつり調査、不同沈下調査では問題となる事項はなかった。

また、構造調査と同時に軀体の実測調査を行った。この構造調査と実測調査をもとに既存建物の耐震診断を行うための基礎情報を整理した。

1：解体・撤去

建物を軽量化し、耐震性能を向上させるために構造・計画上不要な部分を撤去する。

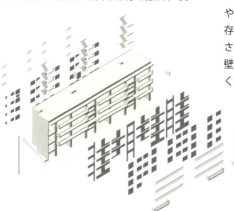

3：内外装、設備・防水等の更新

既存軀体保護と意匠性向上のために外装を一新。屋上防水を行い、外装には断熱性の高い塗料や金属板などを用いて軀体を保護する。

02 補強計画

既存建物のIs値が0.6を下回っていたため、耐震補強が必要と判断された。平面計画の変更により不要となる既存壁を撤去し、袖壁補強を行った。また、梁間方向に増し打ち補強を行うことで、Is値を0.6に引き上げた。本建物は耐震診断結果により、どの階、どの方向でも、Is値とCTUSD値が目標を上回っており、「安全（想定する地震動に対して所定の耐震性を確保している）」と判断された。

補強計画の判定
耐震改修の計画は、既存建物の耐震診断と補強計画と合わせて第三者審査機関の耐震判定委員会による判定を受けた。耐震診断基準における耐震診断指標等の基準を満足する適切な耐震補強計画であることが認められ、耐震判定書を取得した。

2：補強

使い勝手や意匠性を損なわないようにブレース等は用いず、コンクリートの耐震壁や袖壁新設、増し打ちや開口閉塞などの既存壁を補強する方法、また既存の梁の横にさらに梁を増設する補強を複合的に行う。壁補強はX方向、Y方向ともにバランスよく行う。

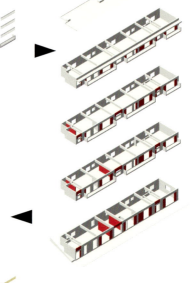

03
既存不適格の証明

既存建物は、確認済証は確認できたが、検査済証が確認できなかった。行政（渋谷区建築課審査係）と協議の結果、区としては検査済証のない建物について新たに調査して検査済証を発行することはないので、指定民間確認審査機関で確認申請をして検査済証を取得するよう指導を受けた。検査済証のない建物を再生させて再度確認申請をするため、民間審査機関で既存の建物の調査を行い、建設当時の法規に適合しているかの確認を行った後、確認申請をその審査機関に提出することとした。

既存不適格建築物と判断するために、建設当時に適法であったことを証明する必要があった。意匠と設備についての既存不適格は既存建物を一度スケルトン状態にし、現行法に適合させて新設することで、建てられた時の状況に関わらず現行法に遡及することを前提とした。ただし、現にある建物の構造躯体については現行法に適合させる是正を行うことはできないため、東京都監修のもと東京都建築士事務所協会が作成した既存不適格の判定フローを用いたルートで既存不適格の証明を行った。既存不適格の緩和が適用される項目については、当時の法に遡り、確認申請時に適法であったかを確認した。その結果、3つあった階段を全解体し、階段を1カ所新設することにより、大規模の模様替えと寄宿舎から共同住宅へ用途変更する確認申請を行うこととなった。

また、本建物は現行法の制限を超えて日影を落としている。建築基準法適合状況調査により既存建築の整理を行なったことで、既存建物を活かし、高さを維持したまま活用することが可能となった。

04
計画的検討

既存建物は4階建て階段室型の寄宿舎で、機能性、防犯性の低さや間取りが現代のライフスタイルに適していないという問題を抱えていた。機能性の向上のため、片廊下型の屋内廊下とし、併せてエレベーターを新設した。また、中央にエントランスホールを配置し、集合玄関機能、オートロックを設けることで防犯性の向上を図った。

エントランスホールとアプローチには、北海道の歴史を継承するため、北海道産の江別レンガを使用した。また、敷地の南側には地域交流の場として、災害時に利用可能なかまどベンチや植栽を設置し、周辺環境に溶け込む外観とした。

建物中央に設置されたエントランス。

既存駐車スペースを住居にリファイニングした。

05
設備計画

メンテナンス性を考慮し、縦配管は共用廊下とバルコニー側など可能な限り共用部から点検できる維持管理がしやすい設備配置とした。また、あらゆる世代の入居者が便利に利用できるようにバリアフリー対策としてエレベーターを導入した。階段室型の既存建物にエレベーターと共用廊下の動線を付加することで建築的、収益的にバリューアップを図り、長期利用可能な賃貸物件として蘇らせた。

既存標準居室内観。

既存標準居室内観。

既存駐車スペース。

リファイニング後、標準居室内観。

リファイニング後、標準居室内観。

CASE 9 リファイニング計画から建て替えへ、DIYが可能なカスタマイズ住空間を新築

HYGGE KANDAHEIM

東京都大田区

新築

2016年

共同住宅＋喫茶店

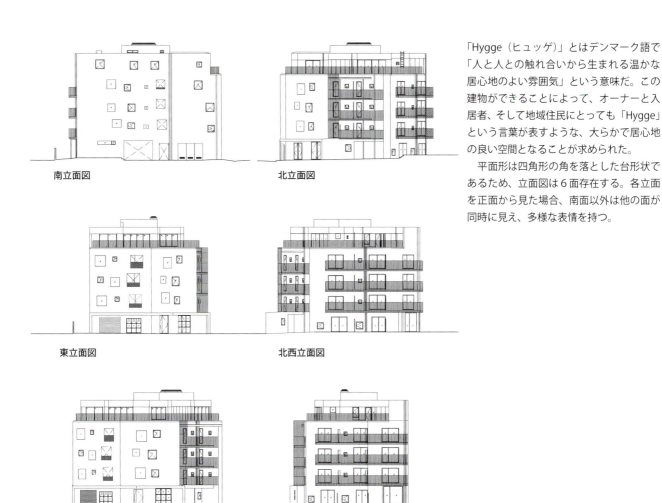

南立面図

北立面図

東立面図

北西立面図

北東立面図　S＝1：500

西立面図

「Hygge（ヒュッゲ）」とはデンマーク語で「人と人との触れ合いから生まれる温かな居心地のよい雰囲気」という意味だ。この建物ができることによって、オーナーと入居者、そして地域住民にとっても「Hygge」という言葉が表すような、大らかで居心地の良い空間となることが求められた。

平面形は四角形の角を落とした台形状であるため、立面図は6面存在する。各立面を正面から見た場合、南面以外は他の面が同時に見え、多様な表情を持つ。

左頁：北東側外観。エントランス前にオープンスペースが設けられている。

東側外観。

東側および北東側外観。

5階平面（オーナー住戸）

2〜4階平面（賃貸）

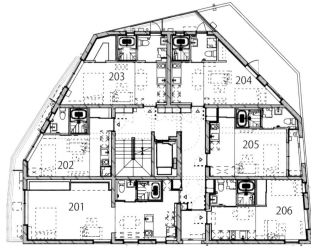

1階平面　S＝1：250
（賃貸＋カフェ＋フリースペース）

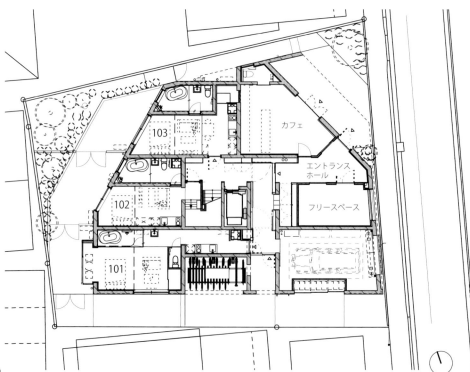

フリースペースは入居者のためのコミュニティー空間。オーナーの施工によるDIYのモデルルームも兼ねている。

エントランスホールよりフリースペースを見る

住居への入口にはアンティークドアが取り付けられている。

エントランスホール。

103 号室

賃貸住戸内装のコンクリート壁は長ナットを用いて家具をボルト固定できる。

103 号室

1階の居室は専用庭に面している。

103 号室

居室空間の壁面をインテリアラーチ合板で仕上げ、入居者のDIYができる仕様とした。

101号室

101号室

床は居室と同じ木調磁器質タイル。

201号室

カーテン等の簡易間仕切りが可能なように、リビングと寝室との間にワイヤーレールを設けている。

201号室

ステンレス製のキッチン。

206 号室

賃貸住戸はワンルームのスタジオタイプ。玄関は段差なく居室と同レベル。照明は配線ダクトにより、自由に移動させたり付け足すことができる。

204 号室

202-302 号室

202-402 号室

205 号室

5階住居　玄関。

上・下：5階リビングルーム。

設計のポイント

リファイニング現地実測調査結果

「検査済証のない旧耐震建物の再生」、それが施主の最初の要望であった。既存建物は1972年に確認通知がおりた鉄骨造4階建の延面積716㎡、施主と施主の母の自宅2戸と12戸の賃貸共同住宅であった。

確認申請図書と構造計算書は残っていたが、現地を見ると図面とは大幅に異なる建物であることがわかった。外壁の位置が大きく違っていたり、図面上は屋上に登る階段があるが実際には存在しない、など様々な図面との相違があった。懸命に現地実測調査を行い、図面復元を行った。

また、アスベスト調査を実施したところ、耐火被覆にレベル1のアスベストが含まれていることが判明した。そこで既存鉄骨躯体の構造調査は部分的にアスベスト除去を行った後に実施した。

調査ではスチールテープとノギス、超音波厚さ計を使用し、鉄骨躯体の部材寸法を確認した。調査を行う部分の内装を撤去し、躯体調査をしたところ、漏水による鉄骨躯体の腐食がひどく、肉厚が薄くなり断面欠損が確認された。1階の注脚に関してはハイテンションボルトのナットが腐食により無くなっていた。腐食が広範囲に広がっていたために補強が建物全体に及ぶこと、費用対効果を考えるとリファイニングが現実的ではないことを考慮し、リファイニングをあきらめ、新築工事に切り替えることを施主に提案した。施主は困惑したが、仕方がないと受け入れ、新築工事の計画がスタートした。

リファイニングから新築へ

既存建物の解体計画において、当初、杭は解体費削減のため残置させる計画としていたが、新築工事の工事に先立ち、既存建物の基礎を解体していると、杭の先端のような尖塔状のコンクリート塊が出没した。既存建物の図面では杭長12mと記載されていたため、何かの間違いではないかと思ったが、それは長さ1.5mほどの杭であった。杭長12mのはずが1.5mほどしかないため、基礎を解体する際に意図せず基礎と一緒に取れてしまい、結局すべての既存杭を撤去することとなった。

2014年7月に「検査済証のない建築物に係る指定確認検査機関等を活用した建築基準法適合状況調査のためのガイドライン」が整備されたが、私たちは、手抜きのない確かな調査と多くの老朽化した既存建物を見てきた経験を持って、検査済証のない建物を、再生できる建物と再生できない建物に二分しなければならない。リファイニングを続けていると、この二分するラインが何となくわかるようになってくる。

これまでの経験では、老朽化した建物のリファイニングを断念することは極めてまれである。コンクリートの中性化は仕上げや補強の安全率の見方によってとらえることが多く、また建物全体で補強計画を検討することで対処できるケースが多い。

リファイニングを断念するケースがあるとすれば、施工性の悪さが甚だしい場合である。たとえば、前施工会社が施工中に倒産したり、コンクリートに空き缶やゴミなどが一緒に打ち込まれている場合などは、まず疑ってかかって間違いない。今回の決定要因も防水の不完全さという施工不良が原因となり発錆を生じさせた。

近い将来、既存建物の手抜き調査や、安易な再利用の判断が、不幸な結果を生まないことを願うばかりである。

本件に関しては杭の調査までは実施できなかったが、上部構造の調査によって、リファイニングが不可能な建物と判断した。この過程があったからこそ、施主もリファイニングから新築への方針変更を納得してくれた。既存建物をむやみに再生することだけが再生ではなく、建て替えも視野に入れて、本当に価値のある計画を提案することが、真の再生であると改めて確認した。

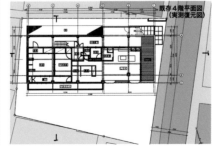

既存建物の実測調査を行い、図面を復元した。

01 構造・断面をシンプルにした台形の平面形状

周辺は高密度な住宅地で、採光と通風が取りにくい敷地環境であった。事業収支計画上は、建ぺい率上限いっぱいに建築した場合、5層分積層させる必要があったが、一般的な四角形の平面形にすると、日影制限により北側は3層のボリュームしか建たないという厳しい敷地条件であった。

初期計画案では、四角形の平面で検討していたが、日影規制の影響で斜線に沿った断面とする必要があった。その場合、複雑な構造計画となり、全住戸異なる間取りになることが懸念された。そこで四角形の角を切り落とした台形の平面形状とすることで、日影による周辺への影響を最小限に抑えた5層のボリュームを確保することができた。

【初期計画案（A案）】

四角形の平面形状を採用した案。

斜線制限で断面が斜めに切り取られるため、壁式鉄筋コンクリート造は採用できず、コスト高が懸念された。

また、バリアーフリー化を要望するオーナー住戸は、ワンフロアでまとまった面積が確保できる2階に配置せざるを得ない。

【最終計画案（B案）】

1階から4階まで垂直にコンクリート壁を立ち上げることによって、壁式コンクリート造を採用することができ、コスト高への不安が払拭された。

賃貸住戸は水回りのみ二重床とした。居室部分はコンクリートスラブにタイル直貼りの床、懐のないコンクリート打ち放し天井とすることで、天井高（2500mm）を確保しつつ、階高を2750〜2800mmに抑えている。最高高さを抑えることで5階にまとまった面積を確保することができ、住環境の良好な5階部分にオーナー住戸を配置することができた。また、最上階の壁面をセットバックすることで、ベランダを設けるなどオーナーの要望に応えることができた。

02
建物と街をつなぐふたつの外部空間

四角形の角を切り取った平面形状とすることで、敷地境界に2カ所の外部空間（ヴォイド）が生まれた。

西側の外部空間（エコヴォイド）は1階住戸の専用庭として、避難通路以外のスペースには植栽がほどこされている。低木から高木まで様々な樹木は上階の住戸にも緑を提供している。

商店街である前面道路側の外部空間（コモンヴォイド）側にはオーナーが運営するカフェがあり、天気の良い日にはオープンカフェテラスとなる。初夏にはシンボルツリーとして植えたオータムライラックの鮮やかな赤紫色の花を楽しむことができる。

このふたつの外部空間は敷地内外の住環境を向上させている。

日影図

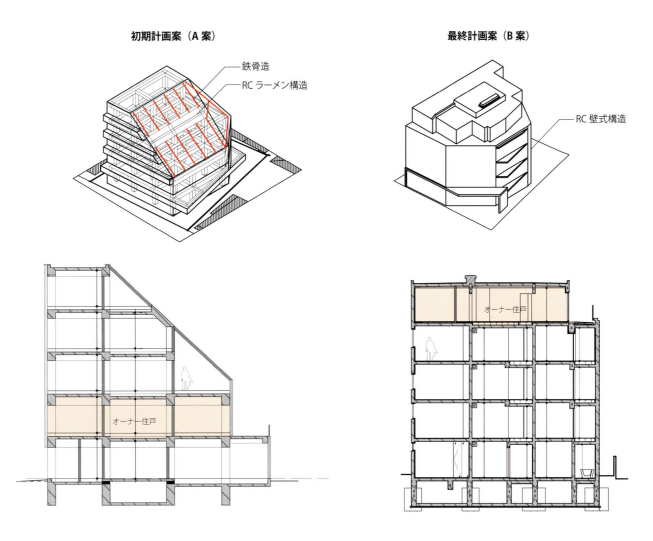

トークセッション ①

「住まい」と「街」の再生に取り組む

前田武志（一般社団法人環境未来フォーラム代表理事、元国土交通大臣）
加藤利男（独立行政法人住宅金融支援機構理事長）
青木茂（青木茂建築工房代表）

座談会風景。左より加藤利男、前田武志、青木茂各氏

「既存不適格」建築物を
ストックとして活かす画期的な発想

加藤●前田先生が国土交通大臣でいらっしゃったとき、私は国土交通省にいたのですが、あるとき、大臣に「みんな、集まれ」と言われて、青木先生のお話をうかがったのがリファイニング建築を知った最初でした。「みんな、よく勉強するように」と大臣に言われて、われわれも勉強したことを思い出します。

前田●当時、民主党は「コンクリートから人へ」といっていましたが、私が大臣のときは3・11（東日本大震災、2011年）の教訓に学んでリダンダンシー（自然災害等による障害発生時に、一部の区間の途絶や一部施設の破壊が全体の機能不全につながらないように、予め交通ネットワークやライフライン施設を多重化したり、予備の手段が用意されていること）をということで、北陸新幹線もゴーサインを出しました。そうしたことをやっておかないと、国民の気持ちからしても不安でしたからね。低炭素、省エネ型のまちづくりを目指していたのですが、青木先生のリファイニングを知ったのもちょうどその頃でした。

青木●私は大分出身ですが、今は合併して佐伯市になっている宇目町で古い林業センターの建物を庁舎にするというコンペがあって、私の案が採用されました。林業センターは旅館と同じような床荷重で、事務所用とは床荷重が違いますからそのままでは庁舎として使えない。そこで考えたのが減量するということです。庁舎の積載荷重の分だけ減量すれば、自重が減るからOKという理論を組み立てました。それが完成して、雑誌に発表したところ、首都大学東京や東京大学、東京理科大学の先生方がCO_2排出量の調査をしたいと言ってきた。調査の結果CO_2が建て替えの17％しか出ないというので、これは画期的な方法だと、亡くなった鈴木博之先生がリファイニング建築を発見してくれたのです。それが私の原点のようなものです。

前田●あの頃はCOP21（国連気候変動枠組条約第21回締約国会議）を意識していた頃ですからね。その上さらに3・11ということがありましたから、タイミングもちょうど合っていたんですね。

青木●いきなり前田先生から呼ばれて国土交通省に行ったら、大会議室に皆さんが集まっていて、ちょっとビッ

クリしましたが、開き直って自分が考えていることを説明しました。

前田●集まった幹部の方々にとっては初めて聞く話で、新鮮だったのではないでしょうか。

加藤●まさにそのとおりです。既存不適格建築物というのは、もともと過渡的な建築物として許容するということで、それは、放っておいても耐用年数に達すれば建て変わるだろう。その時に建築基準法の規定に沿うように建て替えられるので、それまでは許容しようということだったと思うのです。しかしそれを、特に構造上の観点から、建て替えを待つまでもなく、ストックとして有効に活用する。既存不適格建築物に手を入れて適法なものにして耐用年数をリセットする、というのは斬新な考え方だと思いました。

先日、仙台の「佐藤ビル」を拝見しましたが、佐藤さんのご家族がたいそう喜んでおられました。オーナーのお父さんが設計された建物をよく残してくれて、本当にありがたい、と喜んでいたのが印象的でした。

青木●「佐藤ビル」では、住宅金融支援機構の融資のお世話になりました。

加藤●住宅金融支援機構では担保評価だけに依存せず、賃貸住宅が事業経営として回って返済計画がしっかりしているかどうかを中心に査定します。そういうことからいうと「佐藤ビル」は機構ならではの融資といえるかもしれません。それをあんなに喜んでいただけるとは……。東日本大震災を乗り越えて、お父さんの思いを自分の次の世代に継承できたことの喜びというように受け取りました。

分譲マンション再生の決め手は？

青木●民間の建物、特に分譲集合住宅は問題が多いですね。今日まで2棟のリファイニングを行いましたが、2棟ともかなりの積立金があり、成立しました。現在また2、3棟の相談をいただいていますが、ほとんど積立金がない。それをどうやるかは大問題です。分譲マンションの再生について熱心な研究や議論はまだなされていないのではないかという気がします。いろんな仕組みを洗い直しながら既存の制度を組み合わせてやるのか、それとも新しい制度をつくるのか。リバースモーゲージ（Reverse mortgage：自宅を担保にした、主にシニア向けの融資制度）であるとか、いろいろ組み合わせていけば解決するのではないか、と思って模索中です。

加藤●今、青木先生が言われたことは、私ども機構としても今後の大きな課題のひとつだと考えています。特に分譲マンションの高経年化は、物理的なものだけではなく、居住者の高齢化も一緒に進むものですから、修繕積立金も当初の計画どおりにはうまく蓄積できずに、修繕をやろうと思っても資金の手当てをどうするかが大きな課題になる。それをどう金融として支援できるのか、大きな課題です。今、私どもだけではなく、民間の金融機関や国、公共団体、マンション管理に携わる業界団体にも入ってもらって勉強会をやっている最中です。みなさん、問題意識を非常に高く持っていて、居住環境の向上に貢献できるような金融サービスを考えなければいけないという認識は一致しています。

賃貸住宅の場合は、事業経営の手段として借り入れについて考えることができますが、分譲マンションの場合は、Aさん、Bさん、それぞれに返済能力があるかどうかということになります。分譲マンション問題を解決するためには、社会的なインフラとしてマンションを資産評価するシステムが確立して、既存住宅市場が活性化されることが前提でないと、なかなか難しいような気がします。

民間金融機関ではリスクを取りづらいが、政策的にどうしても必要なことを政策実施機関として先鞭を付けて切り拓いていく。それをマーケットとして確立して、民間金融機関が活躍し易いような市場として整備するということもわれわれ住宅金融支援機構の役割なので、新しいことに臆病にならずに、いろいろ工夫をして考えていく必要があると思っています。

前田●現在、関東地方整備局の建政部長をやっている小林正典君にアメリカの流通関係について勉強に行ってもらったことがあります。当時の政策として、5,000万戸ある中古住宅の流通にはインスペクション（建物状況調査）が重要であり、上物の価値をしっかり確定させる、利益相反にならないように透明性、合理性のある流通システ

YS BLD.（2011年）
リファイニング設計＝青木茂建築工房

築40年のビルを取得し、自宅＋賃貸住居にリファイニングした例。既存建物は計画を進めるための設計図等一切存在しなかったため、基礎を含む軀体の調査を行い、構造図および意匠図を復元した。この復元図を基にして、既存の4本柱単純ラーメン構造に対して、南側は開口を必要とするため袖壁を設け、その他の面には耐震壁を設置した。またエレベーターを新設するためにコンクリートで設置したシャフトも耐震要素としている。

　検査済証も図面も構造計算書も存在しない、いわば不動産的価値が事実上ないこの小さなビルは、新たに検査済証を取得し、再生されたことにより新たな不動産価値を生み出した。賃貸部分は竣工と同時に借り手がつき、事前の事業収支計画どおりの返済が行われ、都市住宅の新たな再生モデルとなった。

上：リファイニング後、東側外観。　下：4階リビング。

上：既存東側外観。　下：1階リビング。

ムがないと街の再生はできないということで、いろいろモデル事業を考えて試行的にやりましたが、一般にはまだそこまでいっていません。私が機構さんに一番期待しているのもそこです。

加藤●今のシステムでいうと、住宅は新築した途端に劣化して資産価値が下がり、それこそ20年くらいしたらゼロになる。そこを変えないといけないわけですが、土地については共通した評価を持つことができるが、建物の評価をどうするかは、人によって、あるいは局面によって変わってくるので、悩ましいところでしょう。

前田●個々の建物の価値をどう評価するかは、本当の透明性と合理性を持った基準がないとだめですね。私事ですが、いよいよ築ウン十年のマンションのバリアフリー、断熱などのリフォームをやろうと思っているのですが、マンション自体の価値がどのくらいなのか、そこに一体どのくらい手をかけて良いのか、わからない。あれだけ政策を合理化しようとやっていたのに、自分自身が当事者になってみると、難しいなあと実感しています。

加藤●まったくそのとおりで、リセットして新築と同じになるなら、専有部分に投資するが、建物自体の価値がわからないと、数百万円も投資する価値があるのか、ということになる。尺度がなくて、みんな、困っているのが実態だと思います。

青木●古い建物をリファイニングするとき、新築と同等だと証明しないと補助金が下りない。そこで考えたのが確認申請を出して、検査済証を取ることです。検済を取れば、今の建築基準法上、それ以下も以上もない。ですから、大規模の模様替えということで確認申請を出して検査済証を取る。それと、「家歴書」といって、全工事の記録をつくろうと思ったのです。りそな銀行の不動産部がそれを信頼してくれたんです。

それとリファイニング建築では工事の途中で現場見学会をやって、どういうふうに耐震補強をやったかをリアルに見てもらっています。今、東京で見学会をやると300〜500人の参加者がありますが、それはある意味で私のやっていることを第三者の目で見てもらうことによって、みなさんのお墨付きをもらえるのではないかと思っているのです。リファイニング工事の実態を知ってもらうという観点からも意味があるし、それによって法的なものと物理的なものの問題点が一掃できるのではないかと思います。

加藤●元りそな銀行の吉川肇さんとの対談を読ませていただきましたが（『リファイニング建築が社会を変える』建築資料研究社）、民間金融機関が持つ一番大きな問題を洗いざらい端的にお話しされていて、本当にそのとおりだな、と思いました。恐らく、一番のハードルである耐用年数のリセットを証明できた要因は「家歴書」にある。あれがないと、どこが悪くて、それをどう補修して、その結果として何年持つということが証明できません。新築から何年経っているという経過築年数で評価する主義からいうとなかなか突破できないところを突破するものとして「家歴書」がある。あれは素晴らしい、と吉川さんがお話されていましたが、本当にそうだなと思いました。軀体にまで手を入れるリファイニング建築だけではなくて、単なるリフォームやリノベーションでも、同じように「家歴書」的なものがあると、既存住宅市場はさらに活性化する。これはインスペクションにつながる話ですが、そういうものがもっと一般化して浸透すれば良いなと思っています。

青木●それができるとかなりの進化になります。もうひとつの問題は、実際にやってみると、専有部はリフォームが済んでいるというマンションがありますが、その程度がバラバラ過ぎます。マンション問題の本（『マンション崩壊―あなたの街が廃墟になる日』日経ＢＰ社）を書いたノンフィクション作家の山岡淳一郎さんによれば、管理会社や建築事務所のコンサルタントが住民の知識の少なさにつけ込んで、大規模修繕の際に高額の工事費を請求し、修繕積立金を空っぽにする。しかも、コンサル側は工事業者からリベートを取っている。山岡さんはそれが諸悪の根源だと言っています。例えば、これから10年間、あるいは5年間は手を入れないで、これだけ溜まったら修繕資金をお貸ししますよと制度化して、それをPRしないと、私から見るとつまらないことに修繕積立金を使っている。

加藤●管理組合の修繕積立金の計画的な積み立てを支援するものとして、機構が発行している「マンションすまい・る債」という債券がありまして、10年間の積み立

千駄ヶ谷緑苑ハウス（2014年）
リファイニング設計＝青木茂建築工房

1970年に建設された鉄筋コンクリート造の賃貸マンションを分譲マンションにリファイニングした例。都市計画の変更に伴う日影制限と高度地区の絶対高さ制限により、既存建物と同規模の建物に建て替えることは不可能で、新築しても事業性の確保は困難だった。また、建物の元所有者は先代から譲り受けた建物を残したいという思いもあった。新耐震基準以前に建設された既存建物の耐震補強に当たっては、建物の価値を低下させないことを心がけた。すなわち、屋内共用廊下を中心に耐震壁による補強を行って、隣接する新宿御苑を望む北側と、十分な採光が確保できる南側には耐震壁を設けず、眺望を確保した。内外装と設備は一新し、新築同等に建物の価値を向上させた。経年劣化や建設当時の前施工の不良箇所を補修し、約1,900箇所に及ぶ補修箇所を「家歴書」として記録した。

第三者審査機関に依頼して、リファイニング後の物理的な耐用年数を50年と推定。このことなどにより、税法上の耐用年数の残存年数が7年の既存建物の耐震改修を含む工事費の一切について、金融機関から融資を受けることが可能になった。また、エンドユーザーが「FLAT35」と金融機関の住宅ローンを利用できる計画とした。実際にこれらを利用して、竣工時には全戸完売した。

東側外観。耐震補強のため開口部を一部閉塞した。

既存東側外観。

上：隣接する新宿御苑側の開口を大きく取った。　下：キッチンを見る。

上・下：既存住戸。

てが可能なんです。その債券を積み立てている組合がマンションの共用部分をリフォームするときには金利を0.2%優遇してリフォーム資金の融資をしています。今、一生懸命PRしているのですが、実際、どんどん口数が増えて、今年度、過去最高の応募口数となりました。

　今の先生のお話は、ちょっと貯まったら貯まった額に見合った工事をすぐにするというのではなくて、10年だったら10年、修繕積立金を貯めて、大規模の修繕に備えて計画的にやりなさい、ということですね。

青木●10年貯めると結構貯まりますよ。

加藤●ところがミスマッチがあって、大規模な新築の立派なマンションは修繕積立金が貯まりやすいのですが、高経年化していて戸数が少なくて居住者も高齢化している所はなかなか貯まらないんです。そちらのほうが問題のように思います。公的機関ならではの「マンションすまい・る債」のような制度を活用し資金を調達して、高経年マンションの共用部のリフォームを支援するためにより低い金利で融資を行う。そういうことができれば良いのになあ、と思っています。

　分譲になってしまうと、融資の方法も難しいんですね。たぶん、リファイニングを進めるためには共用部分の融資と専有部分の融資をセットにしてご利用いただけるようにして解決する必要があるかもしれません。

金融制度と再生技術の両輪が必要

前田●管理組合というのはそれほど専門能力を持っているわけではないから、委託するわけですね。その委託した管理会社が良心的で力のあるところであれば一番良いんですけれど、そうではないところも多い。そこをきちっとチェックするような仕組みがない。「すまい・る債」と併せて、機構でそこをインスペクションするような装置をつくるといいのではないですか。

加藤●「マンションすまい・る債」を積み立てている管理組合が共用部分のリフォームを行うときに、機構が中間検査するとか、「家歴書」のようにしっかりした改修ができているかどうかをチェックする。「すまい・る債」を単に資金調達の手段として使うのではなくて、良い工事内容を担保するための仕組みとして機能するように工夫したらどうか、というご提案ですね。

前田●そうすると管理を受託している管理会社が緊張しますよ。

加藤●「マンションすまい・る債」のインセンティブ（誘因）をどこに置くか、これまでもいろいろ工夫してきたんです。われわれは金融機関ですから、金融面での誘因として、「すまい・る債」を積み立てている管理組合が融資を利用して共用部分のリフォームをするときには金利を優遇するというところで留まっているわけですが、より一歩踏み込んで、住宅金融公庫時代のように思い切って現場確認までやったらどうか、ということですね。単に計画的な貯蓄だけではなくて、いざというときに本当に役に立つ、青木先生がおっしゃるように、積立金を計画的に使うための魅力のあるものに仕立てて、それがしっかりした工事にも結び付く、というふうに考え直したらどうか。マンションのリフォームは利害関係者が多いので、そういう点検がもっと行き届くようなことが金融の仕組みの中にビルトインされていると有効ではないか、と思います。そういう声が澎湃（ほうはい）として湧いてくるといいと思います。ちょっと研究してみたいな、と思いますね。

前田●低炭素まちづくり、街をコンパクト化していかないといけないし、高度成長時代にできた住宅都市、このオールドタウンをどう再生させるかというのは、地域政策でもあるし、国としても大変な課題です。

加藤●計画的な管理組合としての貯蓄ですね。修繕積立金の計画的な積み立ての奨励策として、技術的な支援も行います、と。

前田●そうです。そこまでできるのが支援機構ではないですか。

加藤●金融機関で一級建築士が1割もいるのは機構だけです。今、住宅金融支援機構の職員900人弱ですが、そのうちの約90人は建築屋さんなんです。ですから、住宅金融支援機構としては持っている技術的な知見、持っている人材を上手く活用するという観点からも、今お話があったようなシステムと併せて工夫できないかどうか

コーシャハイム千歳烏山住宅（2014年）
リファイニング監修＝青木茂

首都大学東京と東京都による都市課題解決のための共同研究・リーディングプロジェクトの一環。今日まで巨額の資金を注ぎ込んできた優良な建築ストックを再生活用するための試みである。東京都住宅供給公社（JKK東京）と共同研究の連結協定を締結し、JKK東京が所有する「烏山8号棟」をリファイニングした。

JKK東京から2年間にわたり2名の客員研究員を招き、首都大学東京において基礎調査、基本設計、実施設計の監修に当たった。

南側外観。

専用庭を持つ1階住戸。

既存南側外観。

既存住戸。

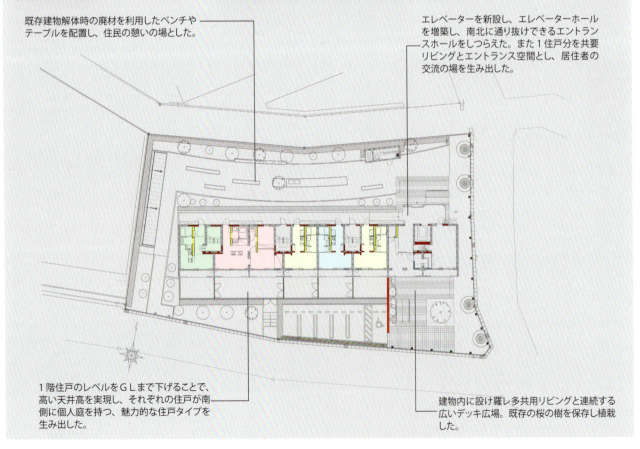

既存建物解体時の廃材を利用したベンチやテーブルを配置し、住民の憩いの場とした。

エレベーターを新設し、エレベーターホールを増築し、南北に通り抜けできるエントランスホールをしつらえた。また1住戸分を共要リビングとエントランス空間とし、居住者の交流の場を生み出した。

1階住戸のレベルをGLまで下げることで、高い天井高を実現し、それぞれの住戸が南側に個人庭を持つ、魅力的な住戸タイプを生み出した。

建物内に設け羅レ多共用リビングと連続する広いデッキ広場。既存の桜の樹を保存し植栽した。

考えてみないといけませんね。

前田●合理的な、透明性を持った、リフォームができる。

加藤●委託先の民間の確認検査機関でもいいし、タッグを組んでやればいい。サービスとしてそういうことがありますね。

前田●これからの企業はESG (Environment, Social, Governance：環境、社会、ガバナンス) には投資する。まずは機構から、これは機構しかできないのではないですか。

リファイニング建築、次の課題へ

青木●実は今、前田先生のご指導をいただきながら、社団法人をつくろうと思っているんです。建物の価値レベルを査定する機関と建築再生の査定をする基準をつくりたいのです。
　りそな銀行から融資の条件として言われたのは、確認申請を出すこと、検査済証を取ること、家歴書をつくり補修・補強をすること、コンクリートの中性化のジャッジをすること、そして5つ目は青木茂が設計することです。これらの条件は、人材を育成することによって解決できるのではないかと思うので、日本建築センターさんや建築技術教育普及センターさんとも協働して、再生一級建築士、再生二級建築士というような制度ができないかなと思っています。一級建築士と違って、何かミスがあったり不正をすると即座に断罪するような制度にしたいと思っています。いかにガラス張りでクリーンにするかが重要なんです。
　分譲マンションの再生には技術論と金融の両方が必要です。われわれが管理組合に呼ばれて行ってリファイニングの説明をしても、金はどうするんだ、と言われます。

加藤●われわれもマンションの建て替えについては、ご相談の初期段階から入って、災害時の対応と同じようなかたちで入居者の方をていねいに支援しています。特にリバースモーゲージでは、高齢者の方も安心して建て替えに舵を切って下さい、というお話をさせていただいています。リバースモーゲージの中には民間金融機関が融資し、うちが保険を付けるものもあって、民間金融機関からするとビジネスチャンスも生まれるし、信用リスクは機構で取るから貸し出しやすくなる。これも当たり前に使えるようになると、ずいぶん違ってくると思います。

前田●そこにもうひとつ、合理的な、透明性のある流通システムが必要ですね。それがないと、どうしても突破できない。そこはやはり、機構のような組織が後ろに控えて、合理的な流通システムをつくっていけば可能になる。大手のマンションメーカーは自分の所で全部囲み込んでいますね。すべてクローズで、あれはやや身勝手なところがあってね。

加藤●機構が対象とするのはそこから漏れているものですから、結構良いものもあれば悪いものもあります。そこは誰も手を付けないんです。

前田●地方都市に行くと、たいていそちら側ですよ。

加藤●そこで私どもがお役に立てるのであれば、いろいろな提案をして、しかし、うちが独占するのではなくて、しっかり民間金融機関と連携してお手伝いできれば、機構ならではの取り組みと評価していただけるのではないかと思います。これは引き続き力を入れていきたいと思っていますが、個別解が多く、こうやればすべて上手くいくという方法がないものですから、全国で8つある私どもの支店の各支店長が工夫しながらやっています。

青木●大手のマンションのメーカーさんも、特に歴史が古いところは自社でつくった建物が多いんですね。その相談がときどき来ます。

加藤●それだけマーケットが変質してきているんですね。昔は、古くなったら建て替えれば良い、と建て替えを前提にして新築のマーケットに注力していましたが、低炭素とか他の社会的要因もろもろ考えると、良いものを長く使う、維持管理も含めて良いものにしていくことが求められる時代になってきています。

前田●民主党政権は政権を取る前に実はマニフェストをつくっていますが、その中の44というのが住宅政策（環境に優しく、質の高い住宅の普及を促進）で、ポイントは「中古リフォーム大作戦」というふうに銘打ったんです。団塊

光第1ビル（2013年）
リファイニング設計＝青木茂建築工房

築38年、壁式鉄筋コンクリート造の賃貸集合住宅のリファイニング。施主は築30年以上経過した賃貸集合住宅を数棟管理しており、入居率の低下や度重なる漏水といった古い建物特有の問題を抱えていた。「建て替えではなく再生することで建物を残したい」という施主の思いから、居ながら施工による内装・設備のリファイニングを行った「光第6ビル」に続く第2弾である。

下左：リファイニング後。防犯やプライバシーを考慮したRC壁で囲われた専用庭を持つ1階住戸。
下中：既存西側外観。
下右：既存住戸内部。

上：リファイニング後。エントランス、EVを新設した。

上：リファイニング後西側外観。RC壁を新設した。

の世代を中心に、良い住宅を持っているわけだから、それが産業廃棄物というのはおかしいぞ、と言ったことを覚えています。それを如何に再生させていくか。それには耐震・省エネ改修と合理的な流通システムの両輪があって資産価値が上がる。そういう良い政策を出していたんです。

しかし、何といっても一般国民に新築住宅に対する抜きがたい価値観があるんですね。それが変わっていかないとなかなか難しいところがあります。

加藤●今は既存住宅に対する評価が少しずつ変わってきている時期だと思うんです。「マンションは管理を買え」といいますが、分譲マンションでは管理を評価するわけです。新築マンションでは、管理組合の機能をこれからつくらないといけませんが、既存のマンションの場合は既に管理組合が活動していて、どういう手入れをしているのかをはじめとして具体の管理状況がわかるので、むしろ既存マンションのほうが安心して求められる、というお客さんもいるようです。それが顕在化して、増えてきているのではないでしょうか。

前田●10数年前になりますが、リチャード・クー（野村総合研究所未来創発センター主席研究員、エコノミスト）さんが、日本の今ある住宅はちゃんとした管理、評価をすれば500兆円の価値がある。しかし、土地の価格くらいしか評価の基準がないものだから、実際には230兆円、半分以下の価値しかないとおっしゃっていました。せっかくローンを払い終えて停年退職した頃に、産業廃棄物を抱えることになる……。それでは豊かな老後は想定できません。

加藤●国の住宅政策の指針である住生活基本計画では、「住宅ストックビジネスの活性化、流通市場の活性化に力を入れる」となっている。私たちも個人の方が既存住宅の取得と併せて住宅の性能向上を伴うリノベーションを行う場合には、融資金利を0.5％優遇しています。これは国から目標が示されていて、しっかりやるようにといわれていまして、その意味からすると、前田大臣の頃からの既存住宅市場を活性化させるという目標は連綿と続いています。

前田●今は、家族数よりもマイホームのほうが多いわけですから、本来新築というのは規制すべきなんですね。街をいかに再生させるかというのは、今あるものの中でコンパクト化とネットワーク化を図るということでしょう。そうすると、今あるものをいかに再生させるか、リファイニングするかということになると思うんです。

そうはいってもちょっと課題となるのは、青木さんは「宗家」なんですよ。青木茂流の免許皆伝でないと伝わらない。そこをもう少しシステム化して、広がるようにしないといけない。ここ10年くらいが勝負ですね。

青木●私が考えてきたリファイニング建築からすると、今の時点はまだ物足りないなというところがあるんです。前田先生からもご指導いただいて、後任の育成を図らなければいけないと考えるようになりまして、事務所の中で博士をひとり出して、もうひとり博士課程に行っていますが、3人くらい博士を出せば一応事務所の中では後継がつくれたかなと思いますが、もっとエリアを広げる必要がある。実は建築技術教育普及センターが私の講演をビデオで流すということで1回目の収録が終わったのですが、建築技術教育普及センターは一級建築士とか二級建築士の資格試験をやっていますから、そういうところとタッグを組んでやっていくと人材の育成になるのではないかと思っています。

地元建築家との協働にも取り組んでいます。「マイタウン白河」は白河市から突然電話をいただいて、市内の業者に古い建物の再生設計の仕事を入札で出すが、青木茂建築工房とコラボするという条件を付けたい、ということでした。基本設計はうちが主にやって、実施設計は地元の事務所が主にやるということだったのですが、これは面白かったですね。「秋田オーパ」でも地元の事務所に監理を半分お願いしました。ぼくらは南のほうはわかるが、北のほうはわかりませんから、気象条件は地元の人に頼らないとできない。来週、沖縄に行くのですが、それは沖縄の建築家から一緒にできないか、と言ってきたのです。これはすごく良いことなのではないかと思っています。

前田●現在、地方の衰退は非常に激しいわけですが、地方都市の中にも住宅都市として栄えたところが多いし、老朽化した公共建物はその地域のまちづくりの中心的な存在だったわけですから、これをリファイニングすると街の求心力になります。低炭素まちづくりのシンボルにもなります。地方都市の再生、コンパクト化は、住宅や街の中心となる建物を青木先生の手法で再生すると、ずいぶんと違ってくると思う。そういう期待をものすごく持っています。

この11月1日に、多摩市と多摩市文化振興財団、環境未来フォーラム共催で「多摩市健幸まちづくりシンポジウム」を開催しました。ニュータウンがオールドタウンになって、いよいよどう再生するかということになってきて、大変な状況になっている代表例が多摩ニュータウンです。あそこは住宅・都市整備公団（現・都市再生機構）が主になって開発したところで、ほとんどが支援機構のローンが付いていたはずです。基調講演をお願いした天本宏先生（河北医療財団理事長相談役）は長年多摩地域の地域包括ケアを実践されてきた方ですが、環境未来フォーラム理事の宮島俊彦さんと親しい間柄で、そういう関係でシンポジウムが実ったのです。多摩ニュータウンは住民の方々の意識が非常に高くて、シンポジウムは大好評でした。この先、セルフケア、ケアインコミュニティー、そして最終的には看取りまでやるというような考えでおられて、それをどう進めていくかということになってくると、やはり青木先生のリファイニング建築であり、そしてそこに金融が必要になってくる。住宅金融支援機構のような組織が、集合としても街そのものの価値を透明性を持って合理的に評価していく、その評価されたものに対してノンリコースのローン（non-recourse debt, non-recourse loan：非遡及型融資）を付けるというぐらいの先験的なことが実現すると良いモデルになると思うんです。そうすると、それは全国に応用できるのではないかな、と思います。

日本再生にはタイミングが重要です。ある時期を過ぎてしまうと、手遅れになってしまう。そういう意味で焦燥感があります。端的にいうと2025年問題です。その頃、団塊の世代がいっせいに後期高齢者になる。今のまちづくりを現実に支えているのは団塊の世代です。その世代が元気なうちに方向性を出さないとだめですね。

今日は少しきつめの言い方をしましたが、そういう意味では、加藤理事長がおっしゃるように、相当転換してきていますね。今がチャンスだろうと思います。青木先生にはこれからも大いに頑張っていただきたいと思っています。

（2018年11月6日、住宅金融支援機構本社にて収録）

非住居系

Non Residence
CASE 10-18

ここでは3つの公共建築(1件はプロジェクト)とふたつの民間の建物、そのほか計画中の4件を掲載している。

公共建築のコンペティションやプロポーザルは参加要件が厳しく、参加できる案件を探すことがわれわれにとって大きな壁となっている。「真庭市立中央図書館」と「港区立伝統文化交流館」は、われわれの事務所が参加要件を満たした数少ないコンペで勝利したプロジェクトである。

真庭市では、コンペ終了後に市長が関係者を集めてミーティングを行って再度提案の見直しをし、対象となる周辺の歴史や建物に関する認識などについて互いの解釈を一致させて設計を進めた。開館記念として開催された、真庭市長と地域創生についてアイデアや助言を提供している藻谷浩介さんと3人で今後の公共建築のあり方について語り合ったトークセッションを収録している。

「港区立伝統文化交流館」は、芝浦花柳界の見番として建築された建物が港湾労働者の休憩舎として引きつがれていたが、このたび東京オリンピックの開催に合わせて憩いの場として、また地域住民のコミュニティーの一環として再生するためのコンペが行われ、われわれの案が採用されたものである。

福島県白河市で完成した「マイタウン白河」は、市内の設計事務所に対して設計入札に際して青木茂建築工房とのコラボレーションを条件として求め、完成した建物である。今後われわれが向かうべき大きな柱となる事例であり、リファイニング建築を広く普及させる良いお手本となった。

建物はなぜ壊されるか

団塊の世代が働き手となった頃に日本の建築は目覚ましい発展を遂げ、世界の水準まで追いついた。日本全体のレベルが上がれば、地方の建築レベルも上がる。これは日本のシステムの素晴らしいところで、その中で地方にも名作と呼ばれる建築が建てられてきた。名作ではなくても、その時代の建築を一生懸命つくった人々により、高いレベルの建築が生み出されてきた。そんな中で、40〜50年を経過した建物がこれまでずいぶんと壊されてきた。その原因は何であろうか。

①建築が再生できると判断する基準や規則が整っておらず、技術者も育っていなかった。

②設備更新がなされず、生活に支障をきたしていた。また、新築時に設備更新のための対応がなされておらず、古いまま使われてきた。あるいは、空調、インターネット等、最新の機器に対応できなくなった。

③機能として建築が時代に合わなくなった。建物が単体の機能としてしか設計されておらず、多用途への変更ができないと考えられてきた。

④建設・設計業をはじめ建設に従事する人たちがスクラップ・アンド・ビルドは当たり前と考えてきた時代背景。

⑤意匠的に古く、現状では市民が満足できなくなった。

⑥耐震基準の変化。

以上のような点を現在の視点で考えてみると、次のようなことがいえるのではなかと思われる。

まず②の問題であるが、設備機器などはかなり更新可能なように設計されている。ただ、部品が廃盤となり、新品と取り替えなければならないことがある。現状の給排水管は内部がコーティングされ長期間の仕様に対応できるようになっており、メンテナンスも容易にできる。

③と⑤に関しては建築再生やリノベーションの普及により、ピンキリの世界ではあるが、かなりの用途変更が可能となり、この問題はほぼ解決できると考えている。

私がこのような再生の建築を始めた30年前は、用途変更など不可能だといわれていたが、建築の梁・柱は6〜8mの均等なスパンによってできており、用途変更は容易にできると判断した。私の設計では学校建築をマンションに、庁舎を図書館に、コミュニティーセンターを庁舎にコンバージョンした例もある。特に公共建築は天井が高く、転用可能な建物が多いが、建築家や建物を取り巻く人々が再生できないと判断するのは、想像力の欠如ではないかと考えている。

④は時代背景が変化してストック活用が叫ばれ、国も持続的社会構築に舵を切った。だが、直近の東京オリンピック施設の例などを見ると新築信仰は相変わらずで、この問題を根本から変えるにはまだまだ時間が必要だ。

⑥に関しては国を挙げて耐震強化の方向に舵を切り、今まで考えられなかったような民間の建物に公が補助を出すという思い切った政策を出して進んでいる。

これからの問題は、①の建物を再生する判断基準をどうするかということで、耐震の基準はできているが、補修レベルについてはどうすれば市民権を得られるか、制度としては確立していない。

もうひとつは地球温暖化の問題である、国内国外を問わず、早急に温暖化対策をしなければ待ったなしの状態である。国は省エネのための装置には補助金を出しているが、施工や設計の技術によってCO_2を出さないという方法にも目を向けて対策を考えてほしいものである。

以上のような問題解決のため、この30年間実践と出版、講演を行い、啓蒙運動を繰り返してきた。実践の中で手探りで行なってきた、確認申請の再提出、工事完成後の検査済証の取得、独自に作成した「家歴書」と呼んでいる補修の全記録を作成することによって金融界の信頼を得ることができた。そして新築と同等の建築に生まれ変わると判断され、りそな銀行との共同作業によりリファイニング建築に融資の制度を確立した。このことにより、他銀行との業務提携、そして住宅金融支援機構による融資の成立など、一定の仕組みはできたと考えている。さらに分譲マンションの管理組合への融資制度もつくられた。国がストック活用に舵を切ったことで、リファイニング建築と建築再生は大きく動き出した。残る問題は、いかにこのことを公にし、国として制度化するかである。その一歩として日本建築センターとの共同作業により、制度づくりに着手している。後は金融界の支援を受けながら、建築再生がどのような施工や記録、公の認証など査定を行い、融資期間を10年、20年、30年のランクをつくることによって、より明快な制度ができるのではないかと考えている。もう一点は人材の育成である。これも公の機関と研究を進め、建築再生のライセンスの制度化を図ることが急務だと当局に働きかけている。ゴールは近いと考えており、近々、社団法人の立ち上げを目指している。

（青木茂）

CASE 10　合併で余剰になった庁舎を図書館にリファイニング

真庭市立中央図書館

岡山県真庭市

リファイニング

2018年 ← 1980年

図書館 ← 庁舎

上：南西より見る。
左頁：西側外観。既存建物をガラスで覆い、旧外観を見せている。

真庭市の図書館は市町村合併前の旧町村から引き継いだ小規模なものしかなく、また書店が少ないため、市民が多くの本に触れる機会が不足していた。そこで「真庭市図書館基本計画」を策定し、「ほんの香りがするまちづくり」を推進するために、地区図書館を統括する「中央図書館」を整備することになった。

既存建物は合併前は勝山町の本庁舎だったが、2011年に真庭市役所新本庁舎が業務開始後は勝山振興局庁舎として1階のみ使用され、施設がだぶついていた。そこで、勝山振興局庁舎を図書館として再生するコンペティションが行われた。

既存建物データ
建設年：1980年
工事着手時築年数：38年
主要用途：勝山振興局庁舎
●既存建物資料の有無
確認済証：有
検査済証：有
設計図書：有
構造計算書：有

南側外観。

南西より見る。

1階開架スペース。天井から自然光が入る読書コーナー。

工事中の様子。

Before

1階開架スペース。天井に穴を開け、トップライトとした。

天井をくり抜いて大階段を新設。

Before

1階総合カウンター。

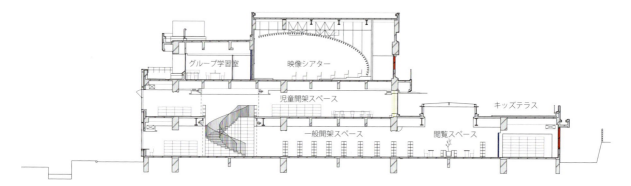

リファイニング後　断面　S＝1：400

上:1階と2階をつなぐ大階段。天井をくり抜いて新設した。　下:1階開架スペース。

2階キッズテラス。使われていなかった屋階を子供たちの屋外活動スペースとして活用。

上：2階の児童開架スペースよりキッズテラスを見る。下：児童開架スペース。中央の円形の部分が大階段。

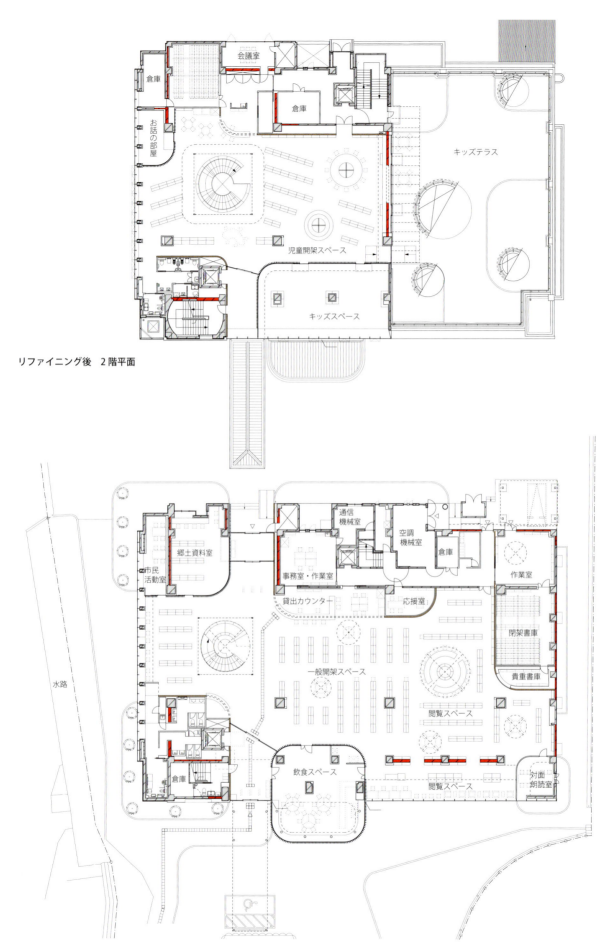

リファイニング後　2階平面

リファイニング後　1階平面　S=1:400

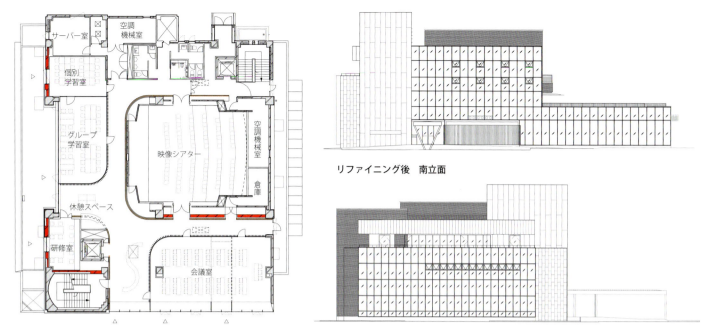

リファイニング後 3階平面

リファイニング後 南立面

リファイニング後 西立面　S＝1：500

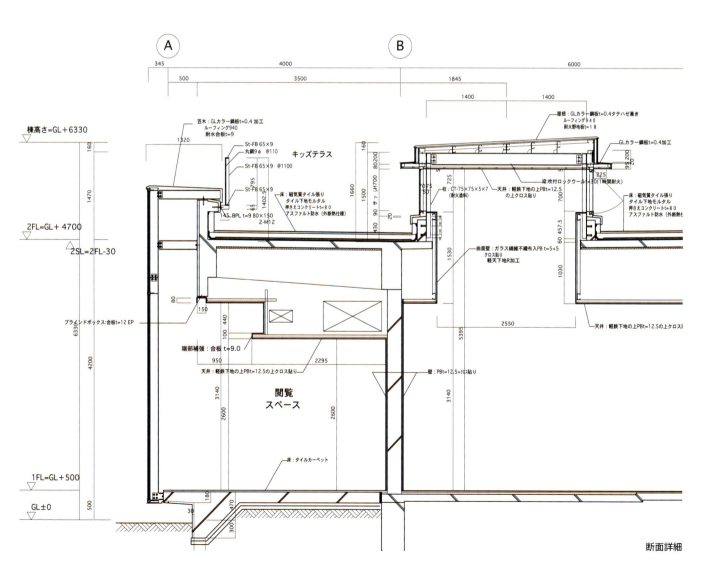

断面詳細

リファイニングのポイント

誰もが気軽に訪れ、思い思いの時間を過ごすことのできる多様な場を持った「広場のような図書館」をめざし、本の貸し借りに加えて、市民の日常的な情報交換や学習交流活動を支える「地域活性の核」となる新しい図書館のかたちを提案した。

「既存建物」という社会資産を生かす

20世紀に日本が積み上げてきた膨大な量の建物群はすでに土地に定着した文化である。機能不全に陥ったと思われる建物も、手を加えることによって、新たな価値と空間を生み出すことが可能である。先人の残した品質の高い社会資産を生かし、次世代に継承する。真庭市のような文化的基盤の成熟した地方からこそ、その文化の正当性と意義を発信していくことが重要だ。

01 多様な施設空間

庁舎として使われていた既存建物を一新させ、多様な空間を持つ図書館とした。既存建物を最大限利用しつつ、1、2階をつなぐ吹抜けや、分散配置された様々な用途の個室、屋外テラス、シアターなどを配置。年齢を問わず誰もが自分の好きな居場所を発見できる快適で魅力ある施設計画とした。

Before

既存　3階平面

既存　屋階平面

既存　2階平面

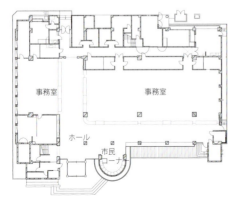

既存　1階平面　S＝1：800

1階閲覧スペース。既存のレンガ色の柱が見えている。

2階キッズスペース。

2階児童開架スペースの吹抜け。

3階グループ学習室。

0：既存建物

築38年／勝山振興局庁舎／RC造／地上3階

1：解体・撤去

建物を軽量化し、耐震性能を向上させるために構造、計画上不要な部分を撤去する。また、スラブ開口を設ける等、軽量化と併せて既存の空間をダイナミックに変更する。

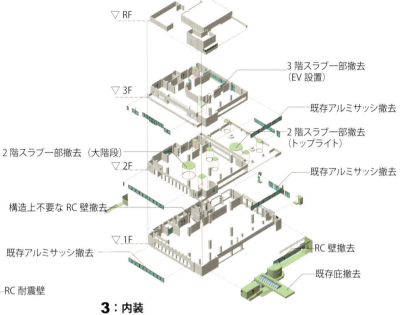

2：補強

使い勝手や意匠性を損なわないように、コンクリートの袖壁新設、増し打ち、鉄骨補強による補強をバランス良く行う。

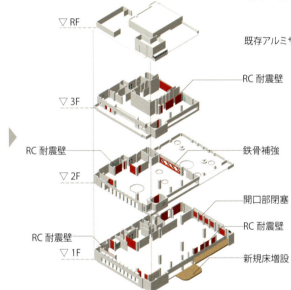

3：内装

真庭産木材をふんだんに使用し、暖かみのある内装に一新。

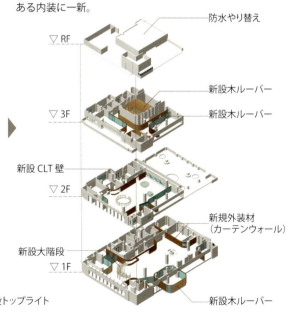

4：外装

躯体保護と意匠性向上のために既存建物を新規外装材でカバーする。

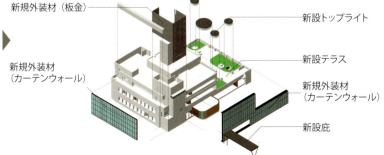

5：リファイニング完了

02
観光拠点となる図書館

真庭市立中央図書館は勝山町並み保存地区の端部に位置することから、観光ルートの中継点となる施設でもある。イベントにも使用できる飲食スペースを1階に配置し、観光に訪れた人々への情報提供ラウンジや休憩所として、新しい観光拠点となることを考えた。

　木材の質感が感じられるエントランス空間とすることで、檜の舞台や保存地区の木材の町並みとの連続性を持たせている。

Before

ガラス壁を新設し、旧建物では外部だった所を内部化して開放感のあるスペースを生み出している。

キャノピーの天井にも真庭産のCLT材が使われている。

03
木質空間の温かみ

床や壁、家具等にCLT（直交集成材）をはじめとした真庭産木材をふんだんに使用し、温かみのある木質空間とした。

観光客も気軽に利用できる1階の飲食スペース。

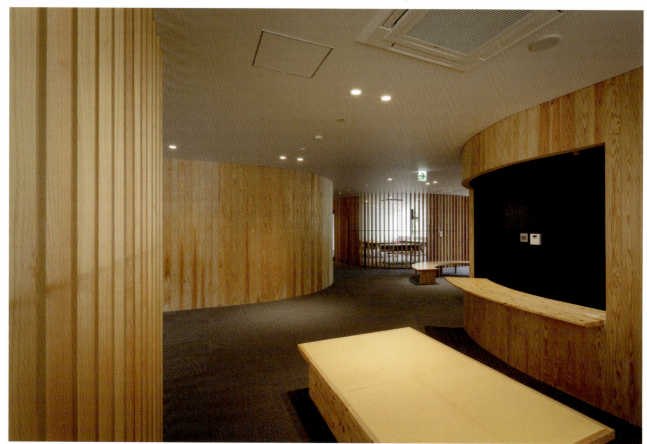

内装や家具に真庭産のCLTをはじめとした木材を使用。

3階。左は映像シアター、右は会議室。

トークセッション ②

建築再生で蘇る地方都市

太田　昇（真庭市長）
藻谷浩介（日本総合研究所調査部主席研究員、地域エコノミスト）
青木　茂（青木茂建築工房代表）

右より太田昇、藻谷浩介、青木茂各氏

旧庁舎を図書館にリファイニング

太田●真庭市立中央図書館はかつて勝山振興局庁舎でしたが、勝山町並み保存地区の一番端に位置することから、この建物を有効に使って観光ルートの中継点にもなるような、真庭市全体の中央図書館に改装したいと考え、コンペを実施しました。その結果、青木先生が設計者に選ばれたわけですが、正直にいいまして、ここまで立派なものになるとは思ってもいませんでした。ですから、今日は感動しているというか、嬉しいというか、そういう思いでいっぱいです。

青木●設計した私にとっても大変満足のいくリファイニング建築になったと自負しています。今日、開館記念のイベントで幼稚園児たちが元気に歌を歌ってくれました。その後、園児たちと親御さんたちが新しい図書館を喜んでくださっている様子を見て、設計者としてこれにまさる幸せはない、という気分に包まれています。
　私がリファイニング建築という建築再生の仕事を始めて約30年になりますが、ようやくこの10年間で少しずつ認めていただけるようになりました。20年ほど前、大分県宇目町の首長さんが、地方財政が厳しい中で建物を新しくつくることには抵抗感がある、町役場庁舎は建築再生で、学校は新築でやりたいといって、「宇目町役場庁舎」のコンペを実施したことが私にとって大きな第一歩になりました。リファイニング建築はコストでいいますと新築の約3分の2、なおかつ工期が短い。ある意味で欠点のない建築方法です。今はそれをさらに進化させて、新築工事同様に確認申請書を出し、完成後に検査済証をもらうということをやっています。つまり、リファイニング建築は建築法規的に新築とまったく同等と証明されるわけです。さらに、軀体補修工事の過程を記録した「家歴書」をつくることによって、構造的にも新築とまったく同じであることを証明しています。

藻谷●古い建物を修理して使うリフォームとか、リノベーションが流行していますが、青木先生のリファイニング建築は単なる手直しではなく、耐震性も断熱性もあって、法律上新築と同じ扱いを受けるそうですね。その辺りをもう少し教えてください。

青木●この建物は庁舎を図書館に用途変更するに当たって、いらない壁を取っています。建物の軽量化を図ることによって、耐震上、有利になるんですね。皆さんお腹

上：真庭市内を流れる旭川。　下：出雲街道の要衝として栄えた真庭市勝山は土蔵や白壁、格子窓の古い町並みが残る。1980年に岡山県初の「町並み保存地区」に指定された。

に手を当てていただきますと脂肪が付いていると思いますが、私は学生時代の体重が57キロ、今は67キロで、10キロ増えています。不要な分を落とした後に筋トレする、つまり改めて補強するとヤングマンの肉体になるわけです。

藻谷●元の建物は1980年完成ですから、新耐震基準以前の建物ですね。当時としては一生懸命つくったが、今見れば重量を増しているだけの余計な壁や床がある。そういう、人間でいうと贅肉みたいな部分を取り除いたあとに新しく鉄筋などで補強する。素人目には気付かないのですが、中に実はかなり補強が入っているのですか？

青木●減量するときに、バランスが良くなるように減量するんです。われわれが整体に行って体を整えるように、建物の重心と剛心を合わせる。そうするとちょっとした補強ですむわけです。

藻谷●減量して、重心と剛心を合わせる。本棚でたとえれば、無駄に多い仕切りは減らし、上のほうの、しかも片側に重い本が集中していたのを半分から下に多めにして左右バランス良く移すということですね。さらに本棚の裏側に金具を付けて倒れないようにする、と。この建物は鉄筋コンクリート造ですが、コンクリートを壊しているのですか？

青木●図書館というのは開放感が必要なんですね。そのために要らないコンクリート壁を抜いたり、床に穴を開けて吹抜けをつくったりしています。

藻谷●元の建物の床に穴を開けたわけですね。ベランダにも穴が開いていて、下の階が見える。逆に下から見ると、空が見える。あの吹抜けは、普通の人が見たら新築としか思えません。

青木●私は建物をつくるときに「隠し味」を入れるのですが、ここでは7個の穴を開けたんです。そして階段がふたつあって、全部で9個になる。合併して真庭市になった9カ町村です。

太田●それは初めて知りました。

青木●今日お話しようと思って我慢していました。（笑）

物語をつむぐリファイニング建築

藻谷●私はエレベーターが嫌いで階段を利用するのですが、いかにも新築ふうの扉を開けると昭和50年代みたいな階段がそのまま残してある。あれは考えがあってのことですか？

青木●映像シアターの扉や外壁のタイルなど、前の建物の一部を流用しています。階段も同じで、古い建物の記憶を残しています。

藻谷●階段室に入った瞬間に、この図書館は新築ではなく古い建物のリファイニングだとわかる。
　外壁は、今はすっかり見なくなったレンガ色のタイルですね。

青木●当時、高価な建物に使ったタイルです。この建物は、かなり気合いを入れてつくったことがわかります。

藻谷●私は今54歳で、サザエさんの波平と同じ年ですが、われわれが子供の頃、レンガ色のタイルの建物がやたら増えました。医院とか、公民館とか、地方のホテルとか、マンションもあのタイルでしたね。それが今では、どこもかしこもベージュと灰色になっています。

青木●レンガ色のタイルはあの頃のトレンドだったのですね。それが時代が変わり古く見える。その壁の前にガラスを張って二重壁にすることで建物を保護すると同時に、ガラス壁に周辺が映り、風景を取り込んでいます。

藻谷●タイルのままだと風景になじんでいなかったのが、ガラスに後ろの山が映ることで、すっかり溶け込むようになったのですね。

太田●以前の建物は、古い町並みの中に近代的で目立つということを意識していたのかもしれません。町の人たちが一番実感していると思うのですが、「のれんのまち」の統一性がここまで延びました。

旧真庭市立遷喬（せんきょう）尋常小学校。1907年に完成した2階建ての木造建築。設計は江川三郎八。中央に玄関と職員室、2階に講堂があり、東西両翼に教室棟が延びる。映画「ALWAYS 三丁目の夕日」で鈴木一平が通う小学校として撮影に使用された。1990年まで小学校として使われていた。国の重要文化財。

旧遷喬尋常小学校講堂。洋風の二重折上げ格天井で、鏡板は無節の檜柾目板。廊下は分厚い松材、戸の板戸は全面無節の杉材など、選りすぐった材料が使われている。

各家に様々なデザインの「のれん」がかかっている。

真庭市立中央図書館は歴史的町並みの終点の位置にあり、観光客が情報を得たり、ホッと一息つく場所でもある。

閲覧スペース夜景。

藻谷●いずれ世の中からレンガ色のタイルの建物が消えて、久世の旧遷喬小学校みたいに、日本中でここしか無いというようなことになるかも知れません。

青木●それが建築を読む楽しさだと思うんです。勝山という町の歴史が残って、歴史を大事にする町だということがわかっていただける。

藻谷●城下町の古い町並みがあって、今はそこにのれんが下がっている、そういう町並みも大事だけれど、このレンガ色のタイルだって実は勝山の歴史として後世評価されるのではないか、ということですね? 青木先生は、今という視点だけでなく、昔と今と未来がつながっていて歴史が動いているという視点で考えているのですね。

青木●建築の設計をやっていると、建物が完成してお施主さんに渡したらサヨナラですが、自分が設計した建物が将来どう見られるか、未来の人たちにテストされると思うのです。

藻谷●先生は元の建物の外観のタイルや階段室をそのまま残したほうが面白いと思われた。その判断を30年後、40年後に、ああ、青木先生はこう判断したのか、自分はこう考える、という建築家がまた出てくる。未来から見たらこう見えるということを常に意識して設計されているわけですね。

青木●それは意識せざるを得ないと思うんです。

藻谷●映像シアターは内装がモダンですが、ここは元の議場だそうですね。

太田●傍聴席が30席ほどある議場でした。

青木●空間的には四角い部屋でしたので、それを包み込むようにできないかと思い、ルーバーを張りました。そうすることで柔らかさが出て、この扉ともマッチするのではないかと思いました。

太田●確かに柔らかい印象になりました。

旧議場をリファイニングした真庭市立中央図書館映像シアター。曲面を描く天井に真庭産のCLT（直交集成材）を使用、扉は以前のものを再利用している。

旧議場

藻谷●四角い部屋の天井に丸くルーバーを張ることで、途端に元の議場が新築のオーディトリアムのようになった。そして、3階にあることが実は大きなポイントで、図書館の邪魔にならずに、さまざまなイベントにも使うことができる。

太田●夜遅く、図書館が閉まっていても使えるように、階段とエレベーターで直接アプローチできるようになっています。

藻谷●その階段が昔のまま残してあるので、われわれの世代には非常に懐かしい感じがします。

この図書館は、子供たちが楽しく利用して、そこにお母さんやお父さんもやって来る町の図書館というところが一番の役目でしょうが、裏の狙いもあるそうですね。

太田●真庭市の他の図書館もそうなのですが、市民利用が一番大事だけれど、それぞれ尖った図書館にしようとしています。20年、30年と文献をコツコツ集めていけば、全国から専門家がわざわざ来るような、そういう図書館になる。例えば、木材関係の本を体系的に集めるとか、それぞれ特徴を持たせようと思っています。

地域の永続的繁栄のために

青木●私が建築の世界に入って45、46年ですが、その頃100年保つといってつくられた建物がどんどん壊され

ています。今、私が社会人として一歩踏み出した頃の建物の再生をやっているわけです。

　現在、新築される建物も100年もつと言っていますが、それ、本当なんですかね？

藻谷●私は、全国に増えている20階、30階の超高層マンションは、100年はもたないと思うんです。超高層ホテルの人に聞いたのですが、水回りのパイプや換気ダクトは30年くらい経つと老朽化してしまう。人間でいうと、骨は大丈夫だけれど、先に血管がやられる、というんですね。パイプやダクトを取り替えるには大改修工事が必要です。健全経営されているホテルならともかく、分譲マンション居住者にそのお金が出せるでしょうか。

青木●東京都庁舎が今、再生工事をやっていますね。

藻谷●早くも再生？　都庁が完成したのは1990年ですから、30年弱です。それがもう再生工事をやっている？

青木●雨漏りが止まらないそうです。

藻谷●人間でいうと30歳前なのに歯がもうボロボロ、みたいな感じでしょうか？

　超高層だと、リファイニングもできません。新耐震以前の建築のほうが、リファイニングすれば100年もつ。

青木●50年ごとに手を入れてもらえば、100年建築になります。

藻谷●その話を聞いて思い出すのは、奈良の薬師寺東塔です。薬師寺東塔は白鳳期につくられましたが、最近1300年ぶりに真ん中の心棒を取り替えたというじゃないですか。木造建築ではそれが当たり前にできるわけですね。

青木●木造自体が組み立て式ですから、腐ったところをちょん切って、つなぎ合わせてという大工の技術が発達しました。

藻谷●弱った部分を取り替えながら直して行く。それは木造建築だけかと思っていたら、実はコンクリート建築でもできるというわけですね。

真庭市は「バイオマスタウン　真庭」ということで、様々なものをリユースし、エネルギーも自給しています。木という再生可能な資源を中心に回す真庭というわけですが、真庭はコンクリート建築も回す。

太田●真庭市は、「SDGs（Sustainable Development Goals：持続可能な開発目標）未来都市」（全国29都市）、さらにその先導的な取り組みとして全国10事業の「自治体SDGsモデル事業」に選定されていますが、建物も、エネルギー、あるいは農業、林業、まさに暮らしそのものを永続的に、安定的に続いていくような地域のシステムをつくっていきたいと考えています。もちろん、地域だけでできるわけではなく、国際的視点が必要で、そうした理念、視点から、行政も市民の方々と協働していきたいと思っています。真庭市がめざしているのは地域の永続的繁栄です。

藻谷●日本では「デベロップメント」というと、ぶっ壊してビルを建てるというようなイメージがありますが、元々の英語は「展開する」、つまり畳まれていた花のつぼみが開く、というニュアンスの言葉なのです。普通の人を改造してメジャーリーガーの大谷翔平やフィギュアスケートの浅田真央にするというのではなくて、普通の人がそれぞれ持っている普通の力を出せるように、条件を整え導いていく、これがデベロップメントの本来の意味です。潜在的に持っていたものが花開くというイメージですね。つまり持続するデベロップメントとは、毎年花がきれいに咲くようなもの。真庭にふさわしい言葉といえるでしょう。

　「真庭は花開いてなぞおらんぞ」という人は、世界基準で見ていないのです。ヨーロッパやアメリカの田舎でこんなに店がある町はほとんどない。真庭は交通が不便だというのもとんでもない話で、空港から1時間で来られる所は国内でも少ないし、世界的には非常に少ない。高速道路が首都高並みに発達していて、市内の移動にも高速道路を使っている。せっかくこんなに便利なのに、それが持続できなくなるのは困るから、続けられるようにしましょう、ということですね。

　持続性の面で、日本の地方都市が抱えている問題はふたつです。第一に、新耐震基準以前の安普請の建物で埋まった市街地や郊外が、続々更地になっていくのをどうするのか？　戦後の投資は丸々ムダだったというのではあまりにせつない。第二に、子供の数が年々減っていく

のをどうするのか。青木先生はさきほど、図書館の中で元気に歌う幼稚園児の姿を見て感無量とおっしゃったけれど、昭和50年代につくられた建物がきれいにリファイニングされた所で子供たちが元気にしているというのは、まさにこのふたつの問題にピタッと対処しているといえます。

「ゼロクリア」の繰り返しから脱却しよう！

青木●公共建築、特にホールなどがそうですが、耐震性がないという理由で壊されています。しかし、実はホールはかなり強くつくっているので、ちょっと手を入れるだけで耐震性がすごくアップします。耐震性を壊す理由にするのはナンセンスだと思う。

藻谷●確かに地震で市役所が壊れたという話は聞くけれど、ホールが壊れたという話は聞きませんね。天井が落ちた、という例はありますが。

青木●ただ、今は演劇などでもコンピューター制御で光とか音楽を出しますが、そういう設備が昔のホールには備わっていない。

藻谷●リファイニングして耐震性をアップした上で舞台整備を取り替えれば、取り壊して新築するよりずっと安い、ということですね。
　耐震性アップといっても、モノによっては鎧のように鋼材で囲っている例もありますね。

青木●格好良い耐震補強をしたいと思っているんです。さりげなく、どう耐震補強をするか。邪魔にならない耐震補強、皆さんが見てきれいだと思う補強にしたいと思っています。

藻谷●私は元銀行員なので、ついお金のことが聞きたくなるのですが、リファイニング建築は新築の費用の3分の2程度でできるというのは本当ですか？

青木●建築の工事費は、軀体、つまり基礎、柱、梁をつくる費用が3分の1、仕上げが3分の1、設備が3分の1というのが大まかな数字です。その中でリファイニング建築は軀体をつくる費用は必要ないので、3分の1安くなる。

藻谷●スクラップ・アンド・ビルドだと、元の建物を壊す費用もかかり、廃材処理も増えますよね。

青木●ええ。ですから、トータルの工事費とするともう少し安くなります。

藻谷●ちなみにこの建物はおいくらでできているんですか？

太田●工事費が約8億1千万、中の設備等を入れてトータルで8億5千万です。リーズナブルだと思います。

藻谷●しかも新築と同じ性能がある。

青木●それと、町の風景が残るということはそこに住んでいる人たちが安心すると思うんですね。私は大分の出身で、年に1度は帰りますが、突然建物がなくなって、何があったのか思い出せないことがあります。記憶が飛んでしまうということは、人間が生きていくうえで相当まずいことなのではないか。それは、例えば自分の戸籍がなくなるとか、両親の思い出がなくなるのと同じようなことだと思います。

藻谷●昔からあった庁舎がいきなりなくなって、更地や駐車場になるのは寂しいですね。かつての建物のテイストを残しつつ、おしゃれな建物に生まれ変わって、それが子供たちやお母さんたちに喜ばれる図書館になったというのは、まさに前向きな使い方です。
　私が大学を出た頃にバブル経済が始まりましたが、これまで自分が生きてきた社会を振り返ると、ゼロクリア、ゼロからやり直しの繰り返しなんですね。前にあったものに積み重ねていくということがなくて、何でもかんでも一からぶっ壊してゼロから考えるという、全否定の繰り返しでした。特に建築がそうで、たとえば赤坂プリンスホテルが良い例です。

太田●赤坂プリンスの旧館（旧李王家邸）は今回の再開発でも曳家しましたね。

藻谷●大昔の文化財である旧李王家邸だけ残して、築30年の超高層はぶっ壊した。膨大な資材の無駄です。鉄はリサイクルするけれども、コンクリートのリユースは難しいので、大量のゴミをつくったわけです。そして再開発して、何処にでもあるような、印象に残らないビルになっている。それって、明治時代から何も進歩していないのではないかと思います。

真庭市立中央図書館の何が面白いかというと、私たちがジャンクだと思っていた昭和50年代の建築にも実はいい面はあるぞと認め、残す部分は残している。全否定、ゼロクリアしていない。これまで歩んできた道も決して無駄ではなかったと示しているのです。勇気が出ますね。

青木●私は若い時に北イタリアのベローナという町でカルロ・スカルパという建築家の仕事を見て、こんなことができるのか、と驚きました。何世紀も前の建物を美術館に再生して使っているのですが、すごく感動して、日本でもやってみたいと勉強を始めたのです。すると、建築基準法の障害の山でした。つまり、日本の建築基準法というのは新築にしか適応していないので、建築再生をやろうとすると、いろいろ合わない所が出てくる。

藻谷●法律自体が、ぶっ壊して一からつくりなさい、という考え方なのですね。

青木●それをひとつずつていねいに解いていって、私が考えたことを法律的に整備して、役所に持って行くというリファイニング建築の事例を積み重ねていきました。その成果を本に書いた結果、既存建物の法規上の取り扱いもかなり変わってきました。

藻谷●日本の戦後の建築は、バラックを建てて、壊して、またつくっての繰り返しで、きちんとしたストックが残らなかった。しかも困ったことに、そのほうが経済成長率は高くなるのです。経済成長率というのは、フローだけ計算してストックを考えない、片手落ちの基準ですから。これではSDGsの正反対です。

ですが、そのような基準を押し付けていた国交省が現場の声に耳を傾けるようになってきたとすれば、それは江戸幕府が山田方谷のいうことを聞く備中松山藩になったみたいな話ですね。

太田●国交省は、CLT（Cross Laminated Timber）に関しても大組織の中で予想以上に早く、建築基準法告示を公布・施行しました。そういう点では私は国交省の建築屋さんを評価しています。

藻谷●リファイニング建築に新築と同じ認証を与えることが一般化すれば、戦後つくってきた膨大な数の建物、不良資産化した建物が蘇っていくことが期待できます。一方、真庭市が努力しているCLTは、鉄筋コンクリートの相当部分を木に置き換える可能性を秘めている。そうすると、日本の国土の3分の2を占めている山林、特に戦後に大規模植林されその後は放置されている針葉樹林の価値が蘇ります。

再生できないと思われていた、使い捨てが当然と思われていたものの再生が、SDGsを掲げるここ真庭から続々と仕掛けられていくというのは、本当に感慨深いですね。

太田●真庭には、ここから発信して日本の地方に大きな影響を及ぼす要素があるんですね。われわれはもっと自信を持っていいのかな、と思います。

藻谷●CLTというのは構造材ですから、リファイニング建築では使い難いのではないですか？

青木●この図書館では曲面壁の仕上げなど違った使い方を提案しました。

太田●バイオマス発電のためのボイラー棟の壁では曲面をきれいに出していますね。あれはCLTの新しい使い

真庭市立中央図書館のバイオマスエネルギー棟の構造体に真庭産のCLTが使われている。右手のタイル壁は旧建物の外壁をそのまま見せている。また、バイオマスエネルギー棟の内部を可視化することで、「バイオマスタウン 真庭」をわかり易く伝えている。

宇目町役場庁舎（1999年）
リファイニング設計＝青木茂建築工房

当時の町長が旧庁舎隣接地にあるグリーンセンター（林業研修宿泊施設）を新庁舎に改修することを選挙公約として当選したことから、コンペが実施された。既存建物は築24年が経過しており、一部しか利用されていなかった。南面が山に接していて閉鎖的なため、じめじめとした暗いイメージであった。「トトロの町」として有名なこの町の顔となるような、明るい市庁舎として再生するために、町民の利用率が最も高いエントランスホールと町民ホールの増築に予算を集中させた。また、既存建物は現行の耐震基準に達していなかったため、鉄骨ブレースと一部コンクリート壁により耐震性能の向上を図った。さらに研修宿泊施設から事務施設への用途変更による積載荷重の変更に伴い、既存建物の軽量化を図る必要もあった。限られた予算の中でこれらすべてに対応するため、使われていないスペースを有効活用することで増築面積を最小限に留めた。結果として、同規模の町村の新築庁舎と比べて約半分の予算で完成した。

宇目町グリーンセンター

方です。

藻谷●ペレットもそうですが、地消地産（「地」元で「消」費するものは極力「地」元「産」に）ですね。
　先生はあちこちでリファイニングをされていますが、作品の空調にバイオマスエネルギーを導入したご経験はありますか？

青木●今回が初めてで、大変勉強になりました。
　自分の町でエネルギーを生産できるというのは革命的なことです。私は、今話題の築地の再開発の委員だったのですが、委員会で提案したのは、築地を日本が持っている最先端の環境技術の都市にしたらどうですか、ということです。つまり、エネルギーを生産する都市、その良い例が真庭にある、といったのです。

太田●震災の際にも、バイオマス発電ができていれば、周辺を防災対策するだけで一時的な避難所にできます。東京の災害対策としても考えたほうがいいですね。

青木●そうすると、今までとは違った都市像が見えてくると思います。

日本の変革のヒントは地方にある

藻谷●歴史は繰り返すといいますが、今の東京を見ていると、まるで鎖国時代の江戸だなあ、と感じることが多いのです。何よりも、自国内の地位にあぐらをかいて不勉強なところがそっくりです。江戸幕府は、多くの藩とは違って、旗本向けの藩校を持っていなかった。ですがこの岡山県では藩校どころか、山田方谷が建言して、庶民を教育する閑谷学校というようなものまであった。その庶民教育という哲学、ノウハウを、明治政府が全国に普及させたわけです。このように変革は、常に地方から始まります。江戸幕府からは維新は起きなかった。でも東京の人はそれがわかっていない。

清瀬けやきホール（2010年）
リファイニング設計＝青木茂建築工房

築32年の「清瀬市民センター」は清瀬駅前から続くケヤキロードの一角、駅から300mという好立地にあり、機能の更新、老朽化対策、耐震性の向上を求めてリファイニングされた。

市民の各種発表会や鑑賞会、式典、講演会等、多目的に利用できる、身近で小規模なホールとして利用し易いように、舞台ホールの各席数増加、音響性能の向上が最優先項目とされた。

舞台ホールにはバルコニー席を新設し、座席数を確保した。また、ホワイエを2階に設け、座席に角度をつけることで観賞環境を劇的に改善した。新設したR状の外壁は街の象徴として、内部には光が満ちあふれ、来館者の気分を盛り立てる。

内・外部に増築することによって床面積を確保し、新たなゾーニングを行うことで既存諸室を整理し、現在のニーズや生活スタイルに合うように再配置している。

清瀬市民センター

青木●特に行政は実行が遅いですね。民間はかなり積極的に動いていますが、行政はなかなか動かない。それが残念です。

藻谷●それに比べて、真庭市は動きが速いですね。

青木●リファイニング建築をやっていて、もうひとつ気付いたことは、建築再生には融資が付かないということです。銀行がお金を貸さない。それで困っていたのですが、ある銀行の不動産部が講演をしてくれというので、100名ほどの方に1時間講演した後、「質問ありますか」と聞いたら、「ない」というので、「みなさん、私のリファイニング建築を理解してくれたんですね。それなら次から私がやるリファイニング建築には全部融資をお願いします」といったら、そこから堰を切ったように質問の山でした。やっと彼らのスイッチが入って、それからまた1時間、説明しました。そのときの担当者が熱心な方で、その後、ふたりでいろいろ研究して、どうやって金融庁に認めさせるかを考えました。結局、確認申請を出して、検査済証を取って、工事記録の「家歴書」をつくり、コンクリートの中性化に基づいた耐用年数調査をやって、金融庁に掛け合いに行ったところ、「これはすばらしいことだから、他の銀行にも紹介しよう」といわれました。

藻谷●今の話を補足説明しますが、問題はリファイニング建築に融資の際の担保価値を認めるかということですね。「新築と同じ性能だから、新築と同じ担保価値がある」と言っても、金融庁がそれを認めなければ工事費融資は不良債権になってしまう。今の青木先生のお話は、リファイニング建築は新築と同じ認証が取れているし、下手をするといいかげんな新築よりずっと信頼できるというので、金融庁が担保価値を認めた、ということですね。

これは大ニュースで、全国の無数のマンションやオフィスビルなど、これからボロボロになっていく建物がリファイニング建築で銀行の飯の種になり得ます。修繕積立金の範囲で改修できなくても、リファイニング建築なら新規融資の対象になり得る、生き延びることができる、ということですね。この話を地銀さんにしたら、彼らは食いつきますよ。明日から私は、名古屋、福岡、大阪、東京と4つの都市で金融機関相手に講演をするのですが、今、そのネタを、真庭で仕込むことができました。

資料をぜひ使わせていただけますか(笑)。OK？ 本当にありがとうございます。

今や情報は東京ではなく、地方にこそ最先端のものがある。NHKの取材班と一緒にまとめた『里山資本主義――日本経済は「安心の原理で動く」』（角川Oneテーマ21）という本もそうですが、ネタは今、東京にはないんです。結局、江戸時代末期と同じことになっている。列強の進出に対しどうしたら日本は生き延びられるのかというヒントは江戸にはなくて、長崎とか薩摩、長州にあった。江戸時代の長州が、今は真庭かも知れない。青木先生は九州出身、ぼくは山口出身だからいいますけれど、変革は西から起きる。西の山の中から起きるのです。

太田●東京と比べて無い物ねだりをしても仕方無いわけで、地域資源をきちんと確かめながら真庭にしかできないことをやっていくと、案外あるんですね。たとえば羅漢果から甘味料を抽出して低糖質のチョコレートをつくったり、和紙を漉く人の手が荒れないということをヒントに製紙原料のミツマタから化粧品をつくったり、そういう企業が真庭で生まれてきています。

藻谷●人口が減り、企業の廃業が増える中で、真庭では商工会の会員企業が増えている。極めて珍しいことが起きているんですね。今、日本の活力は真庭のような地域にある。

青木●真庭市立中央図書館のリファイニング工事はオール真庭でやっていただきましたが、地場の力をものすごく感じました。建築現場は何かしらトラブルが起きるものですが、今回は本当にスムーズに気持ちよく仕事ができました。地元に密着している建設業が真摯にやってくれて、その成果が今日の子供たちの笑顔になったのだと思います。

私はリファイニング建築は「母の家」をつくることだと思っています。自分の母親の家をつくるときには手が抜けないように、古い建物を再生する時にはそういうつもりでやることが一番大事です。今回、それを真庭の職人さんたちは実行してくれました。深く感謝しています。

(2018年7月3日、真庭市立中央図書館にて収録)

| CASE 11 | 大規模店舗を複合文化施設にリファイニング |

マイタウン白河

福島県白河市

リファイニング

2016年 ← 1971年

文化複合施設←店舗

既存建物は、小峰城の城下町を基盤とした白河市の旧市街に位置する商業施設で、賑わいの中心として長く親しまれてきたが、中心市街地の空洞化に伴い建物内の店舗が撤退した。その後、築43年、床面積の大きい既存建物を白河市が取得し、地域の人たちがそれぞれやりたいことを実践して楽しむ、街の中心となる施設として再整備されることになった。地上4階、地下1階建て、鉄筋コンクリート造の大規模店舗の耐震改修を行った上で、公共施設として複合施設に用途変更した。

既存建物データ

建設年：1971年
工事着手時築年数：43年
主要用途：店舗
●既存建物資料の有無
確認済証：有
検査済証：無
設計図書：有
構造計算書：無

既存、旧奥州街道側外観（東側）。

既存、大工町側外観（南側）。

東側外観。市の主要道路である旧奥州街道に開かれた外観。中心市街地にあり、既存建物は賑わいの中心として長く親しまれていた。

南西側外観。

西側外観。

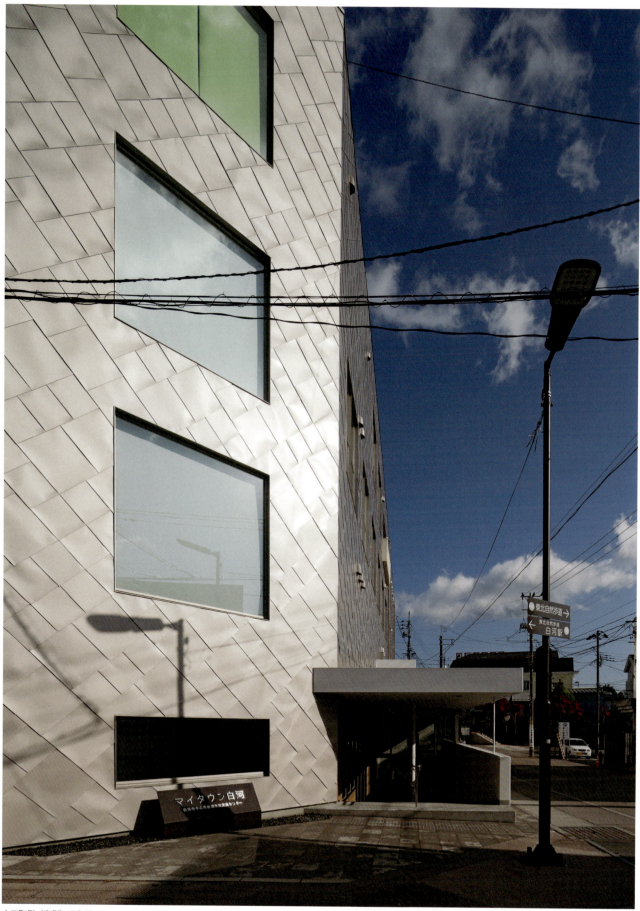

大工町側（南側）の入口。

1階エントランスホール（旧奥州街道側）。誰でも気軽に入ることができるオープンで明るい空間。正面は施設とまちの案内カウンター。

地下1階。正面のコーナーは多目的スペース。右側は大工町側からのエントランス。

今回のリファイニングで中央部に吹抜け空間を新設し、エレベーターと大階段を設置した。吹抜けを中心に各フロアーの活動を垣間見ることができる。

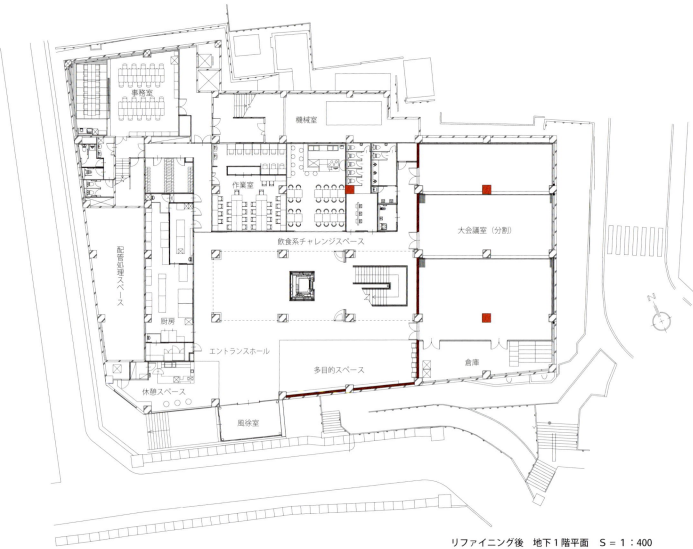

リファイニング後　地下1階平面　S＝1：400

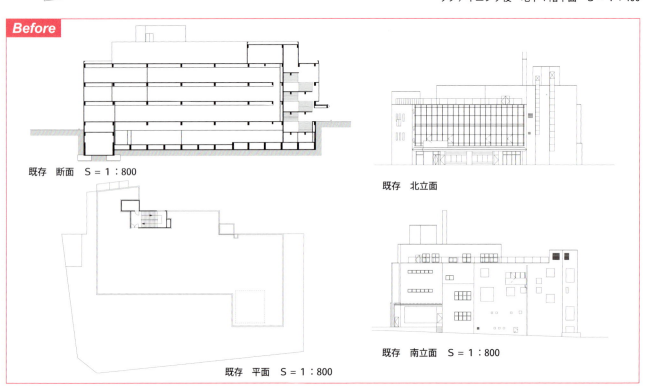

Before

既存　断面　S＝1：800

既存　北立面

既存　平面　S＝1：800

既存　南立面　S＝1：800

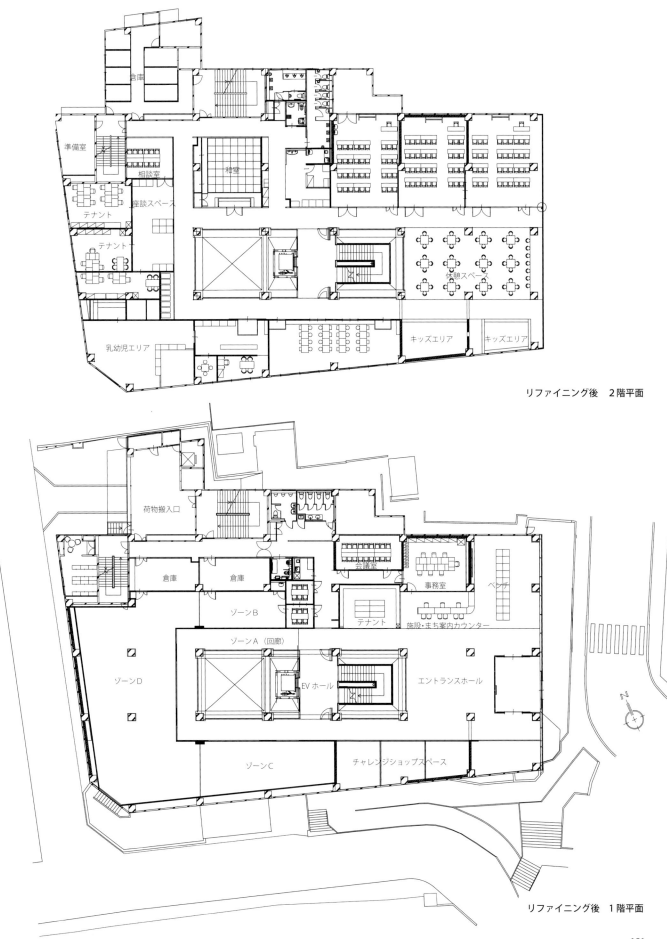

リファイニング後　2階平面

リファイニング後　1階平面

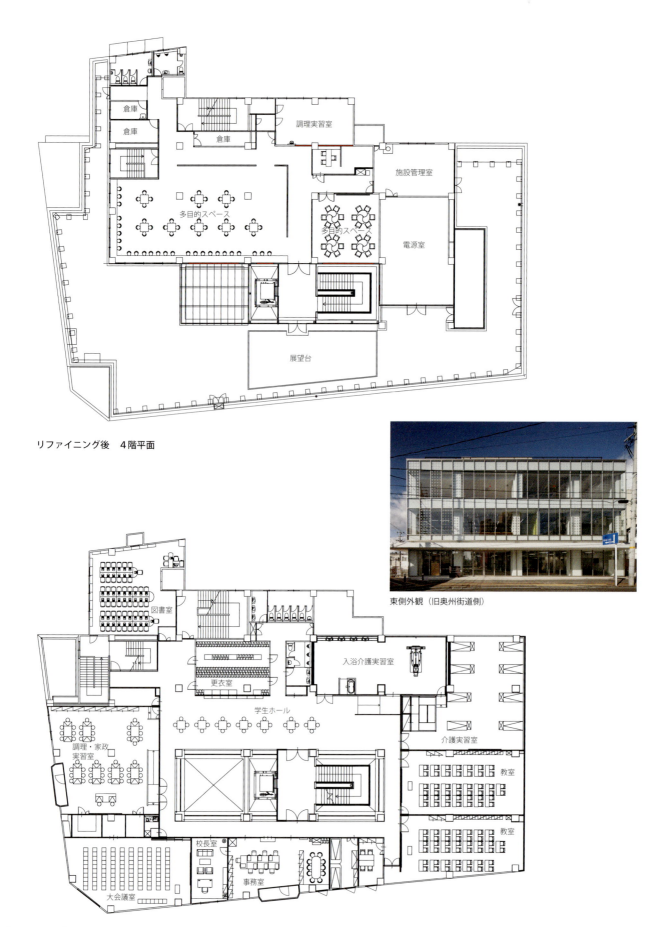

リファイニング後　4階平面

東側外観（旧奥州街道側）

リファイニング後　3階平面

リファイニングのポイント

既存建物を再整備するにあたり、耐震補強を行った。既存建物の不要な躯体や内外装を解体して重量を軽減し、間仕切り壁や外壁などを補強することで、施設の室内に補強が表れない計画とした。

既存建物は大規模店舗であったため、用途上開口部が少なく、採光や空調など市民が集う施設としては利用しにくい空間だった。そこで、建物の中心にトップライトと吹抜けを設け、自然光が施設の奥まで入り込むようにし、公共施設に適した機能を確保した。これにより、暗さや圧迫感を解消すると同時に、吹抜けにエレベーターと階段を新設し、裏通りとなっていた南側の大工町通りから、古くからの主要道路である旧奥州街道に通り抜けて、施設の内外に回遊性を設ける計画とした。歴史、伝統、文化の面影を感じることのできる魅力的な通りをつくりたいという市の計画に応えて、街に開かれた施設を計画した。

その他、専門学校や店舗・カフェ、事務所などの複数の用途を集約した用途変更などを行った。

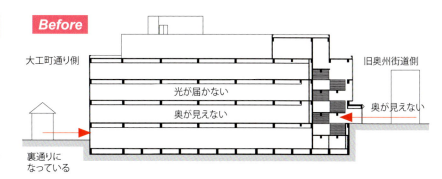

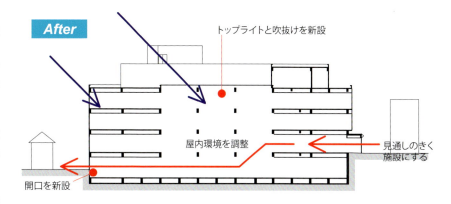

既存敷地周辺。

リファイニング後。ふたつの通りを通り抜け可能にした。

既存階段を解体

既存2階旧奥州街道側階段

既存3階

既存地階

既存地階1階倉庫

既存1階

CASE12 リファイニングで中心市街地を活性化

秋田オーパ

秋田県秋田市
リファイニング
2017年 ← 1974年
百貨店・喫茶店

JR秋田駅前のファッションビル（旧秋田フォーラス）のリファイニング。鉄骨鉄筋コンクリート造、地下1階、地上8階建てで、築43年が経過していた。

耐震補強工事に加え、南側外観および内装の一新、設備の部分改修を行って建物の長寿命化を実現した。

既存のエントランスは右手の柱の右側だった。

既存の老朽化したコンクリートの外壁をアルミのフッ素樹脂鋼板で覆うことで南側ファサードを一新。中央のコンクリート打ち放しの壁は6層分連層の耐震壁を象徴的に露出させた。

リファイニング後の南側エントランス。6層分の耐震壁を設けるため、既存のエントランスを1スパン左へ移動した。

柱の間に入れた鉄骨ブレースを秋田県産の杉で被覆し、「魅せる補強」とした。床のパターンは秋田県仙北市の伝統工芸品・イタヤ細工をイメージしている。

エントランス。

鉄骨ブレースで補強。

既存建物データ
建設年：1974年
工事着手時築年数：43年
主要用途：百貨店

●既存建物資料の有無
確認済証：有
検査済証：有
設計図書：有
構造計算書：有

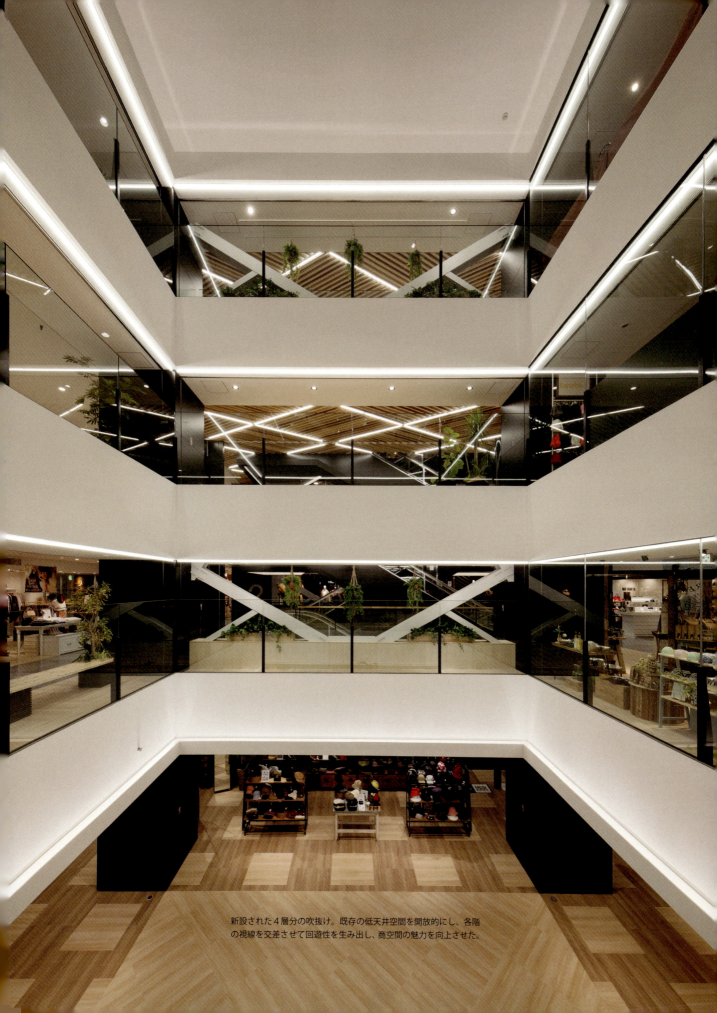

新設された4層分の吹抜け。既存の低天井空間を開放的にし、各階の視線を交差させて回遊性を生み出し、商空間の魅力を向上させた。

ゆったりとした吹抜け1階部分。来店者の回遊性が増し、滞留時間も長くなった。

エスカレーター周り。階数を示すロゴやフロア―案内も一新。

吹抜けに面したショップは視界を遮らないようにクライテリアを設定し、商空間の統一を図っている。

吹抜け外周の通路。

リファイニング前のエスカレーター周り。

新設した吹抜けの周りにベンチや緑を配し、商空間の快適化を図った。

工事中の様子。

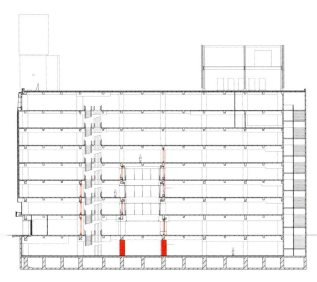

リファイニング後　断面図　　S＝1：800

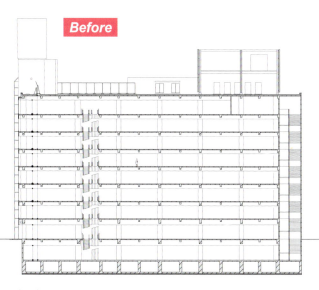

Before

既存　断面図　　S＝1：800

159

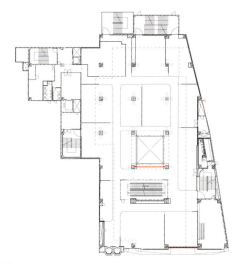

リファイニング後　2階平面

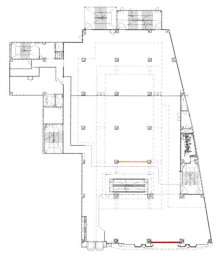

リファイニング後　5階平面

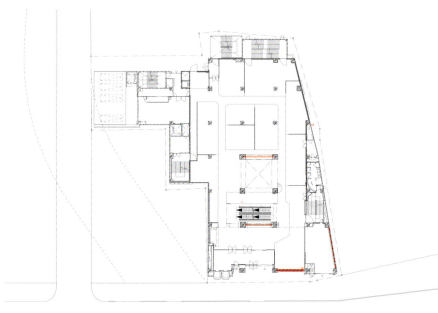

リファイニング後　1階平面

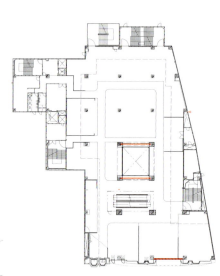

リファイニング後　4階平面

リファイニング後　地下1階平面　S＝1：1000

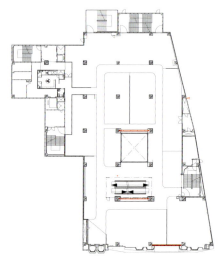

リファイニング後　3階平面

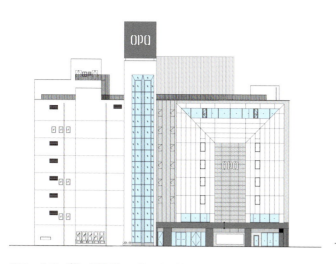

リファイニング後　南立面　S = 1：800

既存　南立面　S = 1：800

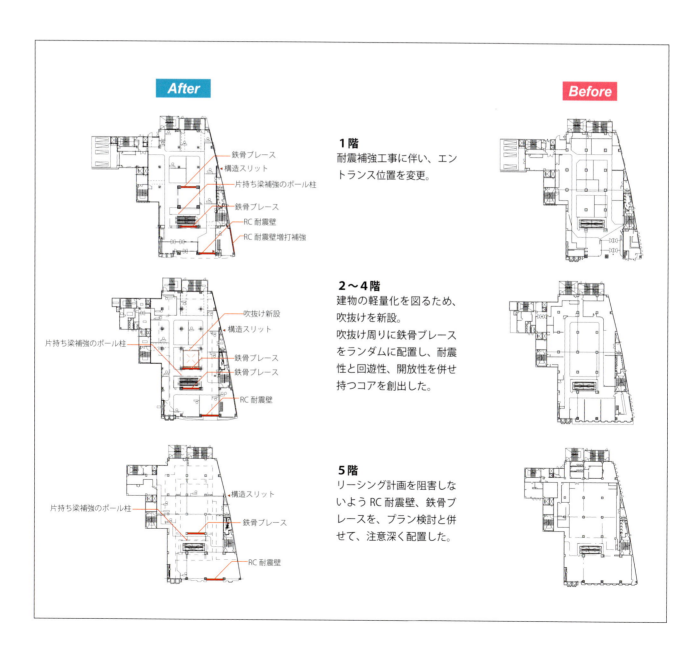

1階
耐震補強工事に伴い、エントランス位置を変更。

2～4階
建物の軽量化を図るため、吹抜けを新設。
吹抜け周りに鉄骨ブレースをランダムに配置し、耐震性と回遊性、開放性を併せ持つコアを創出した。

5階
リーシング計画を阻害しないようRC耐震壁、鉄骨ブレースを、プラン検討と併せて、注意深く配置した。

リファイニングのポイント

秋田駅前にある築43年の老朽化した大型ファッションビルの外装・内装・設備を一新し、中心市街地の賑わいを取り戻すための再生プロジェクトである。

6層分の大きな打放しコンクリートの耐震壁をアルミ板で門型状に覆い、耐震をシンボル化した外観ファサードとした。また、売場内のスラブを解体し4層分の吹抜けを設けることで軽量化による耐震性の向上・低天井空間に開放感を与える商空間とした。

ファッションだけでなく、飲食や文化に触れることのできる、総合的で複合的な文化が交わる「秋田のブンカの交点」をめざし、ファッションビルの記憶を引き継ぐ「繊維」をモチーフに「交わるカタチ」をデザインコードとしてインテリアへの展開を図った。

01
外装を一新

駅前の顔となる外観を一新するために、6連層のコンクリート打放し耐震壁を中心に既存外壁躯体をアルミ板で門型状に覆い、補強と止水・躯体保護、美観向上を同時に実現した。

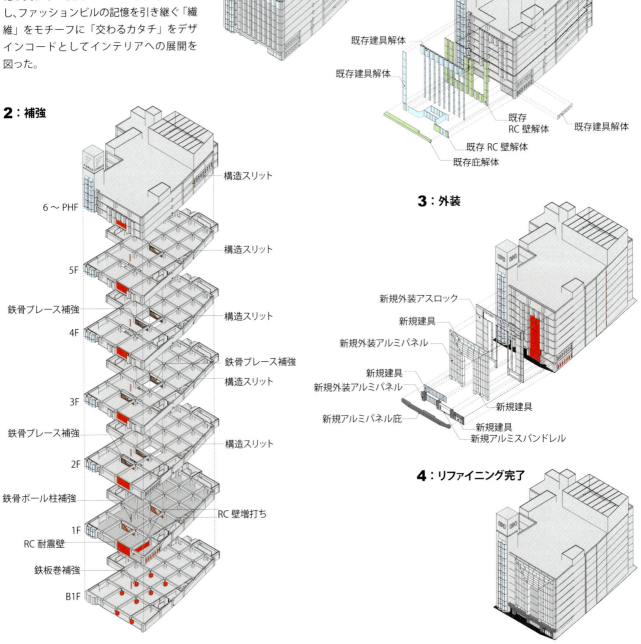

02 吹抜けを新設

リファイニング後も 20 〜 30％はテナントが埋まらないのではないかと予測。そこで、建物の減量により耐震的にも有効であり、同時に低天井高（2650㎜）の既存建物に開放感を与え、商空間としての魅力を向上させるために 8 層分の吹抜け空間を提案した。最終的にはテナントの要望により 1 〜 4 階の吹抜けとなったが、視覚的につながる空間が実現できた。

当初、解体工事(軽量化)は補強ではないため、耐震対策緊急促進事業の助成対象とはならないとされたが、Is 値を比較して吹抜けと既存外壁部の躯体解体が補強に直接影響する要因となることを証明することで、解体工事、吹抜け部内装工事・外装工事も補助対象と認められた。

03 建物のバランスを修正する

補強を南側に集中させ、建物の剛心を重心に近付けて、偏心率を改善するバランスの良い補強とした。

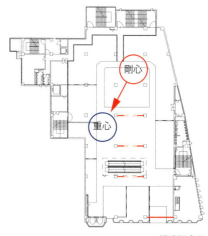

構造概念図

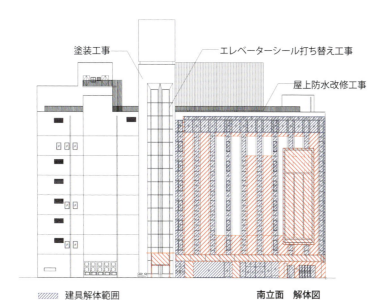

南立面 解体図

- 建具解体範囲
- コンクリート解体範囲
- その他解体範囲

既存スラブ解体時の様子。

コンクリートの爆裂や露筋、クラック等の経年劣化や施工不良をつぶさに補修し既存躯体を健全化する。

1 〜 4 階に吹抜けを新設することで建物の重量の軽減を図り、耐震性を向上させた。

CASE 13　繁華街好立地の廃墟ビルを蘇らせる
LLOYD'S HAKATA

福岡県福岡市

リファイニング

2018年 ← 1965年

店舗＋共同住宅

観光客で賑わう川端商店街に面した既存建物は、好立地にも関わらず老朽化のため、1階の1店舗以外使用されておらず、ほとんど廃墟のようになっていた。

建物南側を流れる博多川では毎年「6月博多座大歌舞伎船乗り込み」などのイベントが開催される。この場所はメディアでその風景が取り上げられる「博多の顔」のひとつでもある。廃墟となったビルを再生させることで、ビル単体の価値を向上させるだけでなく、商店街や博多川など周辺地域の活性化や景観形成に貢献する計画をめざした。

博多川に面した外観はステンレス複合板に川が映り込み、人々の営みや博多の歴史、文化を反映する博多の新しい顔となった。また、川端商店街と博多川をつなぐように設けられた地下1階から2階までの3層の吹抜け空間は、商店街利用者を川辺の空間へと誘う新たな動線を生み出した。

右：博多川で毎年行われる「6月博多座大歌舞伎船乗り込み」。上川端ビルの隣に山車の収納庫がある。
下：リファイニング前の南側外観。

南側外観。

外壁（ステンレス複合板鏡面仕上げ）に川面や対岸の緑が映り込む。

上川端ビルの南側を流れる博多川の両岸は遊歩道になっている。

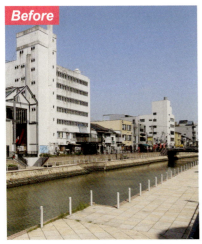
2階以上は使われておらず、廃墟のようだった。

手前の茶色い建物がリファイニング前の上川端ビル。

既存建物データ
建設年：1965年
工事着手時築年数：52年
主要用途：店舗＋共同住宅
◉既存建物資料の有無
台帳記載事項証明書：有
確認済証：無
検査済証：無
設計図書：無
構造計算書：無

地階〜2階の吹抜け空間。

上・右：北側外観。商店街に面した店舗をガラス張りとし、中央に商店街と川をつなぐ抜け通路をつくった。

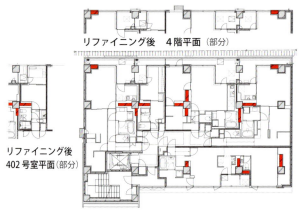

リファイニング後　4階平面（部分）

リファイニング後
402号室平面（部分）

リファイニング後　6〜7階平面（部分）

リファイニング後　3階平面

リファイニング後　5階平面

リファイニング後　2階平面

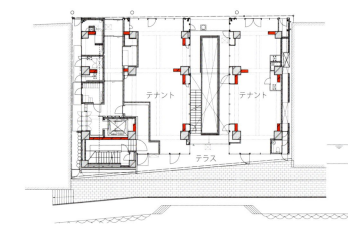

リファイニング後　1階平面

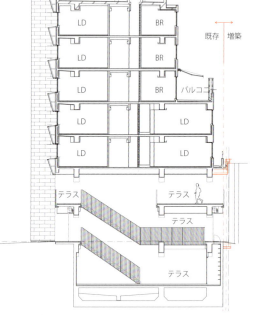

リファイニング後　断面　S＝1：300

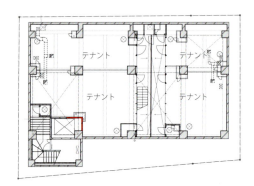

リファイニング後　地階1階平面　S＝1：400

内装の仕上げを撤去後、不良部分にマーキングし、すべて補修する。

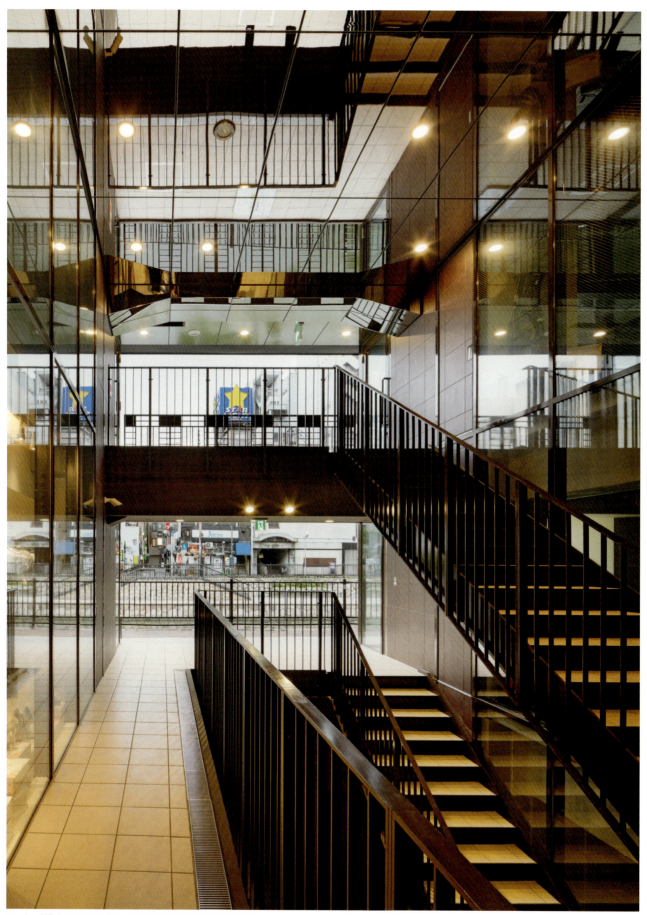

アーケード街と川をつなぐ空間。吹抜けは地階に光と風を引きこむ。

リファイニングのポイント

確認・検査済証を新たに取得するために、まず、既存建物の実測調査、構造調査、図面復元、耐震診断、違法箇所の確認等を行った。その後、復元図と当時の確認申請の台帳記載事項を照合し、建物構造や面積が間違いないことを確認し、現状の違法箇所等の是正方針を福岡市と協議・確認することで、確認申請提出を可能にした。図面・検査済証のない建物であっても、復元図をつくり、法的な対応を役所と協議することで新たな確認・検査済証の取得が可能となる。

01 耐用年数推定調査

耐用年数推定調査を行い、建物の物理的な耐用年数を推定した。コンクリートのかぶり厚さ、中性化の進行等の調査を行い、その結果に基づいてリファイニング後の耐用年数を算出した。本計画では、約50年程度の耐用年数があることを確認できた。

02 建物用途・平面計画に合わせた耐震補強

既存建物は昭和56(1981)年6月以前に確認申請された旧耐震基準の建物であり、新耐震基準を満たしていなかった。そこで、耐震補強が必要となるが、通常の補強ブレースや耐震壁を建物内に設けると、テナント計画や住戸プランへの影響が大きいため、極力補強が邪魔にならないように袖壁補強の分散配置を採用した。この補強により耐震指標であるIs値は基準値の0.6を超える計画とした。

0：既存建物

築52年／店舗、共同住宅／RC造／地下1階、地上7階／旧耐震基準

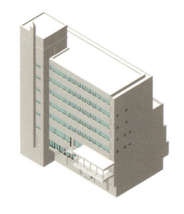

1：解体・撤去

建物を軽量化し耐震性能を向上させるために、構造、計画上不要な部分を撤去する。また、スラブ開口を設ける等、軽量化とあわせて既存の空間をダイナミックに変更する。

2：補強

使い勝手や意匠性を損なわないようにコンクリートの袖壁補強をバランス良く配置し、耐震補強をする。

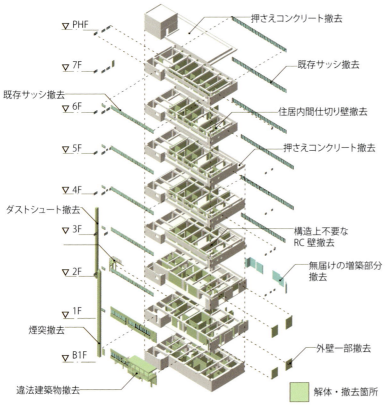

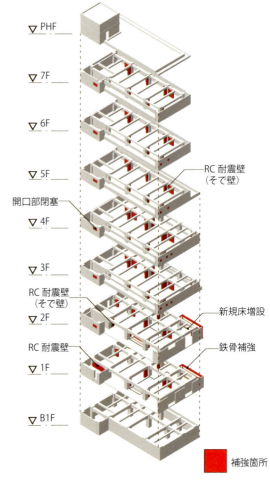

3：内装

内部の間仕切りは極力重量の軽い乾式壁とし、建物への重量負担を軽減する。また、設備はすべて更新する。

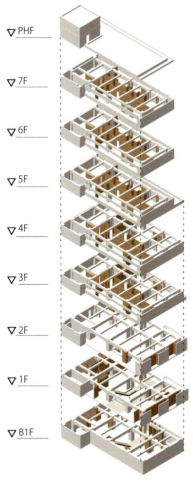

乾式壁

4：外装

既存軀体保護と意匠性向上のために既存建物を新規外装材でカバーする。

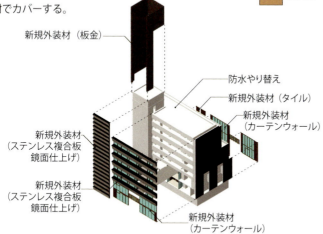

- 新規外装材（板金）
- 防水やり替え
- 新規外装材（タイル）
- 新規外装材（カーテンウォール）
- 新規外装材（ステンレス複合板 鏡面仕上げ）
- 新規外装材（ステンレス複合板 鏡面仕上げ）
- 新規外装材（カーテンウォール）

5：リファイニング完了

Before

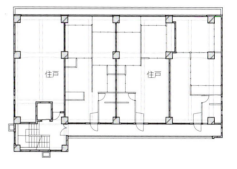

既存　3階平面

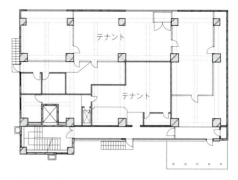

既存　2階平面

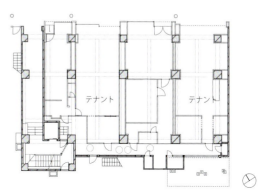

既存　1階平面

既存　地階1階平面　S＝1：400

CASE 14　東京都内に唯一現存する木造「見番」を保存・活用する

港区立伝統文化交流館

東京都港区

リファイニング（プロジェクト）

既存建物竣工 1936 年

交流施設（集会場）← 集会場

道路側からの外観イメージ（CG）。

「港区立伝統文化交流館」は、1936（昭和11）年に、「置屋」「料亭」「待合」からなる「三業」をとりまとめ、芸者の取り次ぎや遊興費の清算をする芝浦花柳界の「見番」として建てられた。東京都内に唯一現存する、「見番」のかたちを留めた木造の建物であった。同時期に建設された目黒雅叙園の棟梁・酒井久五郎が手がけており、正面玄関には銅板敷の唐破風をつけ、桧板敷舞台のある「百畳敷」と呼ばれる大広間が設けられた。扉の卍崩しや階段の手摺りなど、技巧を凝らした意匠や造形、構造を持ち、建物の老朽化が進んだ今もなおその姿を留めている。

第2次世界大戦中に花柳界が疎開し、この建物は1944年に東京都の所有となった。

戦後は港湾労働者の宿泊所として使用され、2階は日本舞踊の稽古場や集会のために貸し出されていたが、老朽化により2000年に閉鎖された。2009年4月、東京都港湾局から港区へ無償譲渡され、港区文化財保護条例第4条の規定に基づき、同年10月27日に「旧協働会館」として港区指定有形文化財に指定された。

既存建物は、芝浦・海岸地域が埋立てや開発により急速に都市化が進む中、約80年間にわたり花柳界の面影を伝え続け、明治期以降の埋立てによってできた比較的新しいまちである芝浦港南地区にとって、地域の代表的な歴史的財産である。

港区は現地保存と利活用を望む地域の声を踏まえ、その保存・利活用について検討を行い、平成25(2013)年度に伝統文化の継承や地域活動、交流等の拠点として整備することを決定、2019年に港区立伝統文化交流館として蘇る予定である。

外観イメージ（CG）。

外観イメージ（CG）。

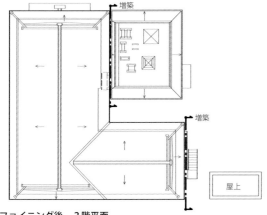

リファイニング後　3階平面

リファイニング後　2階平面

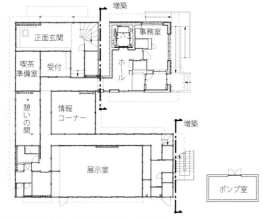

リファイニング後　1階平面　S＝1：400

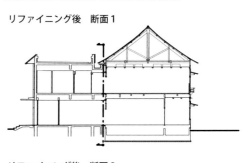

リファイニング後　北立面

リファイニング後　東立面

リファイニング後　西立面

リファイニング後　南立面

リファイニング後　断面1

リファイニング後　断面2

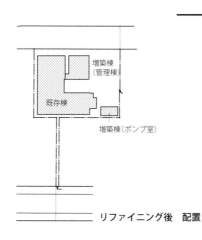

リファイニング後　配置

既存建物データ

建設年：1936年
工事着手時築年数：81年
主要用途：集会場
●既存建物資料の有無
確認済証：無
検査済証：無
設計図書：無
構造計算書：無

リファイニング後の百畳敷きイメージ（CG）。

リファイニング後の正面玄関イメージ（CG）。

| リファイニングのポイント |

文化財としての価値を損なうことなく、公の施設としての安全・安心や関係法令への適合等に配慮する必要があった。

本計画では、区指定有形文化財である旧協働会館の施設整備方針を検討した上で、具体的な保存・改変部分の設定を行い、港区文化財保護条例の規定に基づく現状変更等の許可を得た。また、港区指定有形文化財「旧協働会館」構造評定委員会による構造安全性の確保の検証や、関係各施設等を交えた防災計画・避難計画等の検討を行い、港区建築審査会の同意を得た上で、建築基準法第3条第1項第3号の規定に基づく同法の適用除外指定を受けた。

2017年3月に増築（トイレ・エレベーター・事務室等）の確認済証を取得し、同年12月に工事に着手した。

01 文化財の現状変更

文化財の現状変更の許可
構造材や木製建具・天井仕上げ材など、保存整備を基本とするが、見番として利用されていた時期以降の外部仕上げや取り替えられた鴨居などの改変箇所は当初の形態に復元する。そのほか、耐震性能の確保、安全性の確保および福祉利用のための整備について改修する。

ただし、創建当時の状態に再現することが可能となるように改変を行う、可逆性の確保が前提である。

既存軀体の劣化・欠損を事前に把握
改修に当たっては、現況詳細調査をふまえて使える部材は極力使い、老朽化や雨漏りの影響等が確認された部材を取り換える。また、仕上げ材が再利用が可能かどうかについても調査した。

02 補強方法と補強箇所

補強方法
土壁の増し塗りや面格子壁、水平ブレースの設置により耐震補強を行い、建物の安全性および耐久性を確保する。また、液状化、不同沈下対策として、布基礎から建物荷重が均一にかかる、剛強なベタ基礎（耐圧盤）へ打ち替える。

構造計画
大地震時に、建物の高さに対して1/30以上変形しないようにすることで、建物が倒壊しないようにする。また、大地震時に人命に重大な影響を及ぼさないようにする。

Before

既存　1階平面　S=1:400

既存　2階平面

既存　屋根伏

既存外観。

既存内観。

既存正面玄関。

03
既存建物の揚屋と曳家

建物の下部に新たな基礎と耐圧盤を整備するために、約2mほど建物を持ち上げる。建物を持ち上げる前に、土壁や瓦を撤去して軽量化を図る。揚屋工事は、鉄骨のレールと木の仮筋交いによって建物を固定し、サンドルと呼ばれる木組みで建物を徐々に持ち上げていく。ジャッキアップの際は、コンピューターによりレベルの変動を制御する。

建物が持ち上がり、基礎が施工された後に改めて鉄骨レールを設置して、西に約8mほど建物を移動させる。この曳家工事の準備には時間を要するが、建物の移動は約1日で完了する。

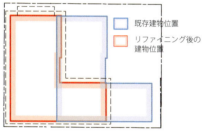

既存建物の移動
既存建物を約2m持ち上げて新たな基礎と耐圧盤を整備する。基礎が施工された後に西に約8m建物を移動する。

工程計画
工事は4つの工程に分けられる。第1工程は既存建物を移動させるための準備工事、第2工程は建物を移動する工事、第3工程は増築工事、第4工程は外構整備工事である。

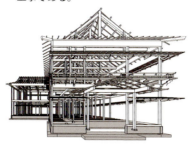

揚屋工事のステップ1

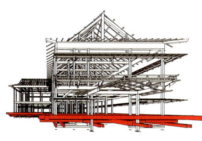

揚屋工事のステップ2

揚屋工事のステップ3

04
保存と活用

保存と活用の考え方
唐破風を持つ正面玄関の外観や、玄関内部、2階の百畳敷および楽屋、内部階段の意匠等、内部空間の特徴的な部分を中心に保存をすることで、文化財としての価値を保全する。区民のための公の施設として活用するに当たり、安全・安心と施設の利便性等に配慮する。

外観の整備の考え方
外壁下見板・庇はすべて新しい部材に取り替える。また、増築棟の外壁には協定木材を使用しつつ、既存の木のイメージを継承する。増築棟は、伝統的な庇や開口部の位置などの寸法・形態を継承し、違いを明確にしつつ、文化財である既存棟に調和させる。既存の緑のイメージを継承し、アジサイを中心とした植栽計画とする。

地域の歴史継承・地域活動拠点の整備
地域の歴史と文化の保存・発信、地域のコミュニティー形成や交流の促進、地域のにぎわい創出や観光振興の拠点となる施設として、「交流の間」や「展示室」、「憩いの間」、「特産品販売コーナー」、「情報コーナー」を整備する。

新たな基礎と耐圧盤整備のため建物を約2m持ち上げる。

揚屋工事完了。

曳家開始。

曳家途中。

曳家完了。

曳家完了。

CASE 15　既存校舎を活用し魅力ある学校施設に

藤沢翔陵高等学校

神奈川県藤沢市

リファイニング（プロジェクト）

既存建物竣工 1963 年

学校

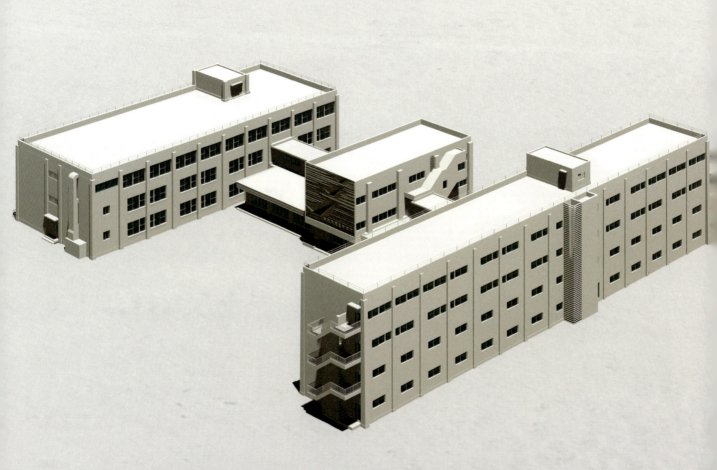

既存1号館外観。

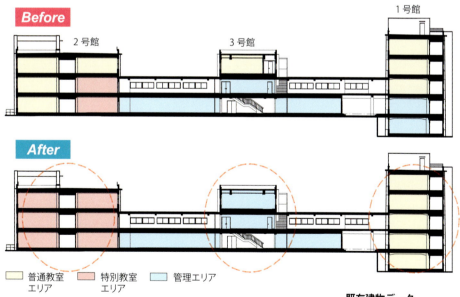

普通教室エリア　特別教室エリア　管理エリア

既存建物データ

建設年：1963年
工事着手時築年数：55年
主要用途：学校
●既存建物資料の有無
確認済証：1・3号館　有／2号館　無
検査済証：1号館　有／2・3号館　無
設計図書：有
構造計算書：無

1931（昭和6）年、藤沢商業学校として清浄光寺境内に創立された歴史ある高等学校である。校舎・諸設備の充実のために、増改築を繰り返してきた1・2・3号館の3校舎を一体化したゾーニング計画を再構築する。

また、校舎は防音工事が必要なエリアに該当するため、防音工事、耐震補強を施す。防衛省および文部科学省より助成金をそれぞれ併用受給することで全体工事費を調整し、学校創立100年をめざして改修工事を実施する。

Before

既存正面外観。

既存昇降口。リファイニング後はメインエントランスとなる。

既存エントランス。

既存普通教室。

既存職員室。

リファイニングのポイント

① 3棟ある校舎の耐震補強を行う。
② 校舎ごとの使用用途を明確化する。現在の校舎は各棟に普通教室・特別教室・管理のエリアが混在している。各棟ごとに用途を分けて配備することで、校舎全体の機能性を向上させる。1号館は普通教室棟、2号館は特別教室棟、3号館は職員室と事務室や会議室などを集約した管理棟となる。
③ 防音対策が必要な立地にあるため、防衛省の防音補助を受け防音対策を行う。
④ 耐震補強が3棟共に必要なため、文部科学省の耐震補助を受け、耐震改修を行う。

0：既存建物

1963年3月竣工の1号館、同年12月に竣工した2号館、1980年12月竣工の3号館の3棟で構成されている。いずれもRC造。

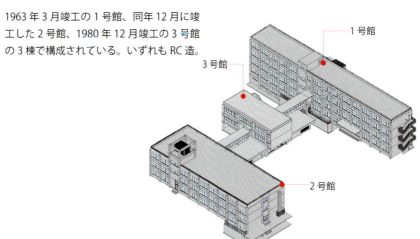

1：解体

計画上不要な外壁、給水塔、階段、ダクトスペース、すべての建具を解体。

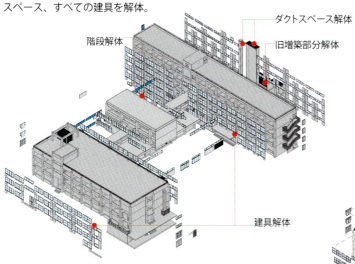

2：耐震補強

耐震壁の新設、増し打ち、袖壁および開口閉塞を行い、建築物の内外にバランスよく耐力壁を配置する。

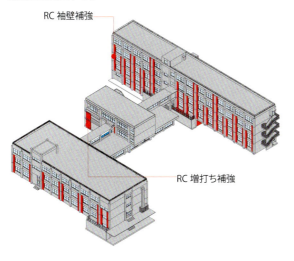

3：内外装・設備の一新

耐震補強を施したのち、教室および廊下の開口部に防音建具を新設。教室等に吸音対策を施し、間取りの変更と併せて内装を一新。設備も改修。

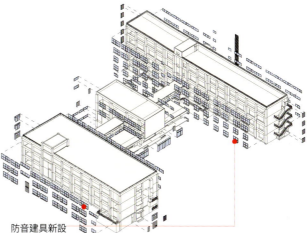

4：リファイニング完了

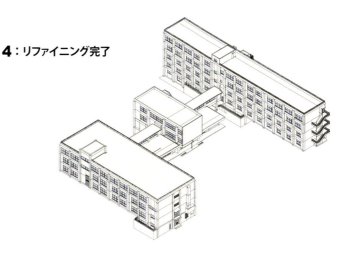

CASE 16　熊本地震で被災した施設を運営しながらリファイニングする

白川園暁荘

熊本県熊本市

リファイニング（プロジェクト）

既存建物竣工 1973 年

軽費老人ホーム

リファイニング後の完成予想図（CG）。

軽費老人ホームの使いながらのリファイニング計画。

　既存建物は築後 45 年を経過し、2016 年 4 月に熊本地震で被災し、屋上防水の損傷や外壁クラックによる漏水、設備機器の損傷があった。また、かねてより老朽化が進行していたため、震災復旧を兼ねたリファイニング工事を行うことになった。

Before

Before

リファイニング後の完成予想図（CG）　中庭テラスに面したダイニングスペース。

既存建物データ
建設年：1973年
工事着手時築年数：45年
主要用途：軽費老人ホーム
●既存建物資料の有無

台帳記載事項証明書：有
確認済証：有
検査済証：無
既存図：有
構造計算書：有

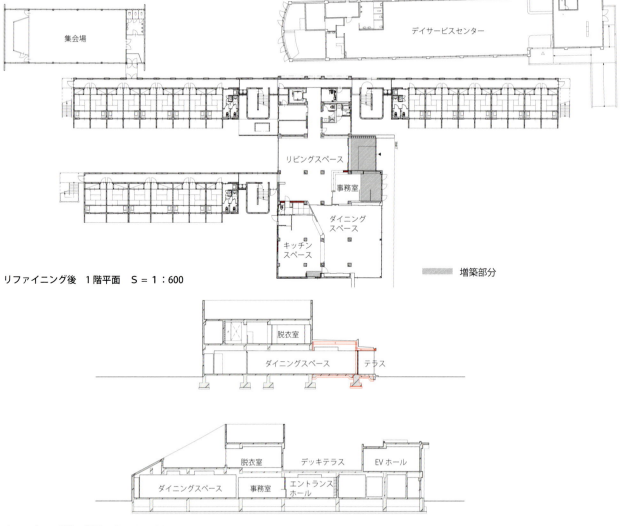

リファイニング後　1階平面　S=1:600

増築部分

リファイニング後　断面　S=1:400

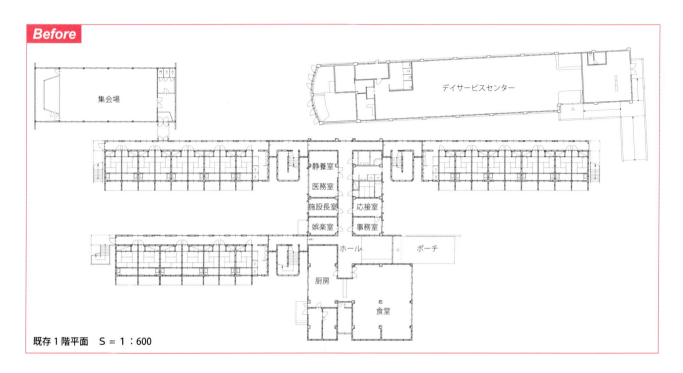

Before

既存1階平面　S=1:600

リファイニングのすすめ方

工期短縮を図るために、以下のような3ステップの計画とした。
第1段階：管理棟をプレハブに移転、集会所、デイサービスに仮設部屋を設置し、管理棟と住戸棟(南)を同時に改修する。
第2段階：住戸棟(西)の改修を行う。
第3段階：住戸棟(東)の改修を行う。

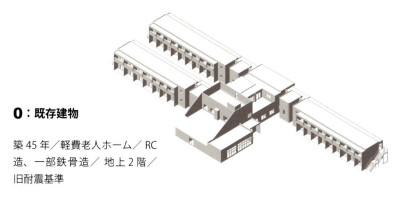

0：既存建物

築45年／軽費老人ホーム／RC造、一部鉄骨造／地上2階／旧耐震基準

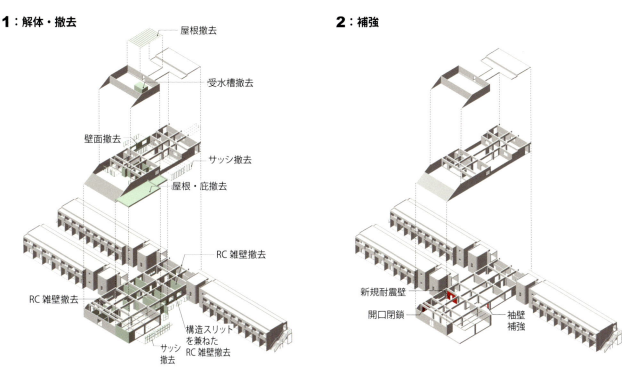

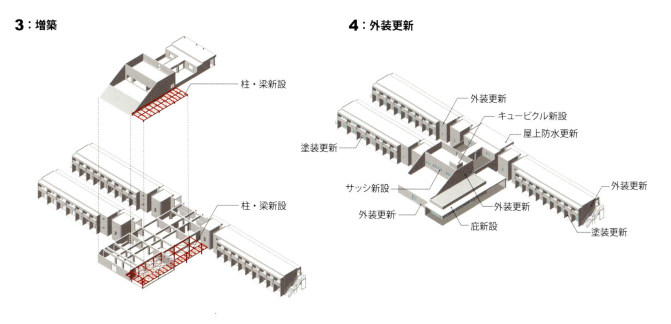

CASE 17 増築を繰り返し複雑になった施設をリファイニングで段階的に整備

若久病院

福岡県福岡市

リファイニング（プロジェクト）

既存建物竣工 1965年～2007年

病院

リファイニング後　1階平面　S＝1：750

福岡市南区に位置する築53年の精神病院の再生プロジェクトである。

既存建物は老朽化し、度重なる増築による機能性の低下、耐震性の不足などの理由からリファイニングを行うこととなった。

既存建物データ

建設年：1965年〜2007年
工事着手時築年数：54〜12年
主要用途：病院（精神）

●既存建物資料の有無

確認済証：有
検査済証：有
設計図書：有
構造計算書：有

既存　1階平面　S＝1：750

リファイニングのすすめ方

ほとんどの入院患者を退院させずに工事を進めるために、建物内での病棟の引越しを複数回行う。また敷地内にある確認申請履歴が不明確な、小規模な建物を撤去・整理した上で、新館の増築による確認申請を行い、敷地全体の遵法性を明確にする。

0：既存建物

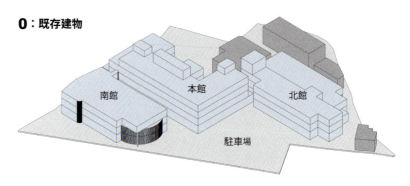

1：新館増築

駐車場に新館を増築

2：本館改修

本館の機能を新館に移動し、内外装、設備等を一新。耐震補強、軀体補修工事を行う。

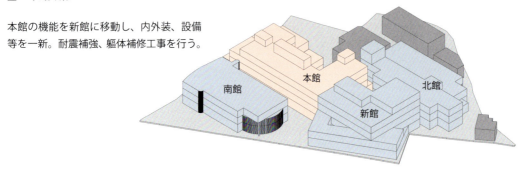

3：南館解体

南館の機能を本館に移動し、南館の軀体工事を行う。

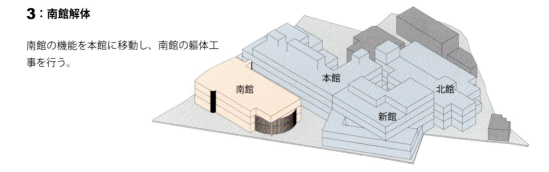

4：リファイニング完了

南館跡地を駐車場として整備。

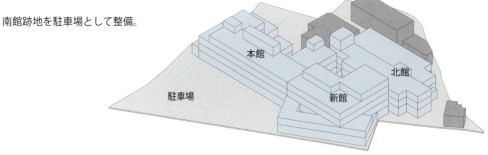

リファイニング後、正面外観（CG）。

リファイニング後、待合室（CG）。

Before

CASE 18　日本建築を鞘堂で守り幼児教育の場として活用する

松崎幼稚園 遊戯室棟

山口県防府市

リファイニングプロジェクト

既存建物竣工 1914 年

幼稚園型認定こども園←住宅

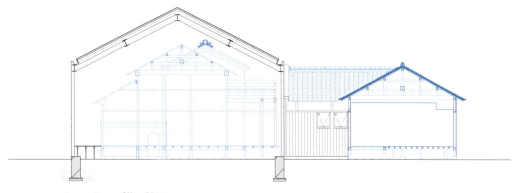

リファイニング後　断面2

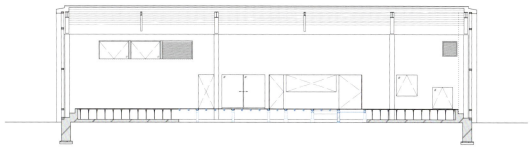

リファイニング後　断面1　S＝1：200

リファイニングのポイント

私立幼稚園100周年記念事業としてのリファイニング建築計画。隣地に建つ築100年を超える木造家屋を土地ごと取得して再生する。

幼稚園からの要望は、木造家屋をランチルームに改修し、厨房棟を増築して木育と食育の場にしたいということだった。そこで、木造家屋のフレームだけを残して、建物を内包するように鉄骨造で覆う提案をした。伝統的な木軸構造と、未来を担うこどもたちが共生する場を守るための建物である。瓦、葺き土、構造上不要な土壁などを撤去して軽量化することによって、耐震補強量を削減、さらに鉄骨造による新たな外皮を設けることで、漏水、防火、老朽化対策を行う。また、複雑な形状の既存建物を矩形の建物で覆うことで、整形な空間が得られるようにした。

これまでの100年の歴史と、これからの100年の未来を包みこむような建物となることをめざしている。

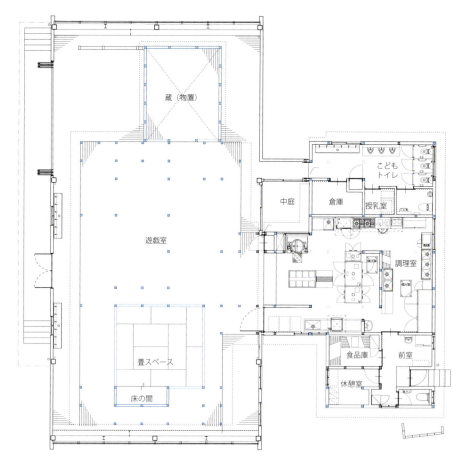

リファイニング後　平面　S＝1:200

Before

既存建物データ
建設年：1914年
工事着手時築年数：104年
主要用途：住宅
●既存建物資料の有無
確認済証：無
検査済証：無
設計図書：無
構造計算書：無

既存　平面　S＝1:200

0：既存建物

・木造住宅を幼稚園にコンバージョンする。
・木造建築は築104年、蔵は築160年（2018年時点）

1：解体

南側家屋は軸組を残して仕上げを撤去し、建物を軽量化することで補強量を削減する。

2：増築

・南側家屋を鉄骨造の覆屋で包むように増築することで必要な床面積を確保しつつ、耐久性、耐火性を向上させる。
・南側家屋はスプリンクラーおよび排煙設備を設置することで「大型遊具」にコンバージョンする。
・北側家屋は耐震補強の上、内外装を改修。
・蔵は耐震診断により安全性の確認を行い、書庫として既存のまま利用する。

3：リファイニング完了

・木造建築の軸組を露わにし、遊具としてとらえ直して、五感で木造建築を体感できる「木育の場」とする。
・調理工程がガラス越しに見られるようにし、食材が料理になるまでの工程を学べる「食育の場」を提供。

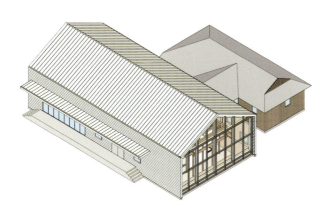

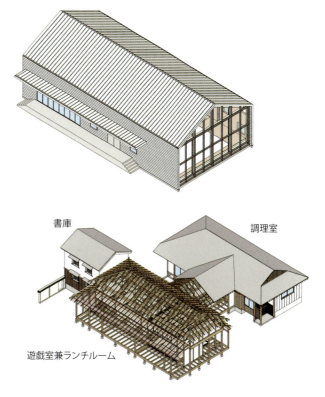

書庫　　調理室

遊戯室兼ランチルーム

建築データ

住居系

1 リファイニング
ASPRIME 千代田富士見

所在地：東京都千代田区富士見2-4-12
主要用途：共同住宅（賃貸）
建主：ミサワホーム
設計
建築・監理：青木茂建築工房
構造：木下洋介構造設計室
設備・電気：設備計画
植栽：ハートランド
施工
建築：大末建設
空調・衛生：拓進設備
電気：五興電気
規模
敷地面積：467.07㎡
建築面積：285.86㎡
延床面積：891.25㎡
1階：266.70㎡
2階：265.51㎡
3階：255.34㎡
4階：93.80㎡
駐輪場：9.90㎡
建蔽率：61.20%
容積率：155.86%
階数：地上4階
寸法
最高高：14.00m
階高：1階 3,500mm／2～4階 3,200mm
天井高：1階 3,000mm／2～4階 2,700mm
主なスパン：6,000mm×5,000mm
敷地条件
道路幅員：南 4,000mm
駐輪台数：自転車6台、バイク3台
法規上の制限
用途地域：第二種住居地域
法定建ぺい率：70%
法定容積率：160.00%
防火指定：防火地域
高度地区：指定なし
日影制限：なし
駐車付置：なし
斜線制限：隣地斜線、道路斜線
都市計画：都市計画区域内
構造
主体構造：鉄筋コンクリート造
杭・基礎：杭基礎
設備
空調設備
空調方式：個別空調方式
衛生設備
給水：増圧直結給水方式
給湯：即時式局所給湯方式
排水：屋内合流方式
電気設備
受電方式：2回線受電方式
設備容量：72KVA
契約電力：58KVA
防災：非常用照明設備、自動火災報知設備
その他：防犯カメラ設備、オートロック自動ドア、機械警備設備
昇降機：乗用1台（三菱エレベーター）
行程
設計期間：2015年12月～2017年5月
施工期間：2017年6月～2018年2月
工事費
総工費：237,000,000円（建築工事）
外部仕上
屋根：既存防水層かつ押さえコンクリートの上、ウレタン塗膜防水複合工法（田島ルーフィング）
幕板：下地木毛セメント板 t25 の上、カラーガリュバリウム鋼板 t0.4 縦ハゼ葺き
外壁：既存躯体及び新設押出成形セメント板 t=60 の上、サンドエレガンテ（エスケー化研）
開口部：アルミ製建具（YKK）
外構：土間コンクリート t=150 打放し直均さえ金鏝仕上、その他白玉砂利
内部仕上
・共用部
自動ドア：耐熱板ガラス入ステンレス鋼製引き戸
床：御影石、塩ビタイル馬踏貼（田島ルーフィング）
壁：EP塗装、パールエレガンテ（エスケー化研）
天井：EP塗装
郵便受：スチール焼付け塗装
階段：塩ビタイル（田島ルーフィング）
専有部
居室床：フローリング
廊下床：塩ビタイル
壁・天井：ビニルクロス
建具：オレフィンシート
キッチン：システムキッチン（タカラスタンダード）
浴室：ユニットバス（リクシル）

◉**既存建物概要**
建設年：1981年
工事着手時築年数：36年
主要用途：専門学校
確認済証：有
検査済証：有
既存図：有
構造計算書：無

2 リファイニング
パークティアラ北馬込

所在地：東京都大田区北馬込1-17-6
主要用途：共同住宅（賃貸）
建主：林興業
設計
建築・監理：青木茂建築工房
構造：軽石一級建築士事務所
施工
三井不動産リフォーム
規模
敷地面積：289.917㎡
建築面積：144.525㎡
延床面積：1049.275㎡
階数：地下1階、地上階6階、塔屋1階
住戸数：20住戸（2～6階各4住戸）
寸法
建物高さ：17.60m
敷地条件
前面道路幅員（接道）：
　南側 24.2m（環状七号線）
　西側 5.4m（区道）
法規上の制限
用途地域：準住居地域
防火地域：防火地域
指定建ぺい率：80%
指定容積率：300%
前面道路の幅員によって決まる容積率：10.5m × 4/10=420%
隣地斜線：なし
北側斜線：なし
構造
主体構造：鉄筋コンクリート造
行程
設計期間：2016年7月～2017年6月
施工期間：2017年7月～2018年3月

◉**既存建物概要**
建設年：1966年
工事着手時築年数：52年
用途地域：住居地域
防火地域：指定無し
建物用途：店舗兼用共同住宅（賃貸共同住宅20住戸）
建ぺい率：49.85%（建ぺい率限度：

第 9 種空地地区 50%)
容積率：361.92%（指定無し）
高さ制限：20m
高度地区／最低限高度地区：最低高さ 7 m、第三種高度地区→既存不適格
日影制限：5 時間 3 時間 /4.0m →既存不適格
集団規定の既存不適格：容積率、日影制限、高度地区
台帳記載事項証明書：有
検査済証：無
設計図書：有（確認図書、施工図一式）

3　リファイニング
アンソレイユ氷川台

所在地：東京都練馬区早宮 1-3-13
主要用途：共同住宅（賃貸）
建主：個人
設計
建築・監理：青木茂建築工房
構造：対震構造エンジニアリング
設備・電気：シー・イー・エフ設計
施工
内野建設
規模
敷地面積：1550.39㎡
建築面積：562.99㎡
延床面積：1577.69㎡
住戸数：28 住戸（A 棟 16 戸、B 棟 12 戸）
A 棟：A、Btype1LDK（41.25㎡）
B 棟：Ctype2DK、Dtype1LDK（49.50㎡）
寸法
建物高さ：13.25m（軒高：12.35m）
天井高　：2.4m、2.2m
敷地条件
前面道路幅員：東側 10.5 m、北側 4.0 m
法規上の制限
用途地域：第一種住居専用地域（都市計画道路から 30m）
第一種低層住居専用地域
防火地域：準防火地域
その他：20m 第二種高度地区
建ぺい率：36.31%
容積率：82.69%
埋蔵文化財包蔵地：遺跡番号 100
都市計画道路：放射第 36 号線（事業中）
構造
主体構造：鉄筋コンクリート造、一部鉄骨造
行程
設計期間：2015 年 5 月〜 2016 年 5 月
施工期間：2016 年 6 月〜 2017 年 2 月

◉**既存建物概要**
建設年：1977 年
工事着手時築年数：40 年
用途地域：住居地域（都市計画道路から 20m）／第二種高度地区、第一種住居地域／第一種高度地区
防火地域：準防火地域
構造：鉄筋コンクリート造
規模：地上 4 階
住戸数：28 住戸（A 棟 16 戸、B 棟 12 戸）
A 棟：2DK（42.15㎡）
B 棟：3DK（49.50㎡）
建物高さ：12.80m（軒高：12.35m）
天井高：2.25m、2.15m
敷地面積：1571.97㎡
建築面積：548.263㎡
延べ面積：1727.07㎡
建ぺい率：35.36%
容　積　率：111.39%
埋蔵文化財包蔵地
都市計画道路：放射第 36 号線
台帳記載事項証明書：有
確認済証：有
検査済証：有
設計図書：有（確認図書、施工図一式）

4　リファイニング
池田山パインクレスト

所在地：東京都品川区東五反田 5-20-11
主要用途：共同住宅（分譲）
建主：池田山パインクレスト管理組合
設計・監理
CM：マンション 100 年倶楽部
意匠基本設計：青木茂建築工房
構造：対震構造エンジニアリング
構造以外の実施設計：ヤシマ工業
施工
ヤシマ工業
規模
敷地面積：809.969㎡（台帳記載）
建築面積：473.522㎡
延べ面積：1466.966㎡
階数：地上 4 階
建蔽率：58.5%
容積率：不明
寸法
最高高：10.00m
階高：1 階 2,800㎜、2 〜 4 階 2,750㎜
天井高：1 〜 3 階 2,400 ㎜、4 階 2,370 ㎜
主なスパン：5,000㎜、6,000㎜、7,200㎜
敷地条件
道路幅員：南 4,000㎜
法規上の制限
用途地域：第一種低層住居専用地域（高さ制限 10m）、一部第二種住居地域
法定建ぺい率：60%、60%
法定容積率：150%、400%
防火指定：準防火地域、防火地域
高度地区：第一種高度地区、指定なし
日影制限：4 時間 2.5 時間（測定面高さ 1.5m）、指定なし
斜線制限：隣地斜線、道路斜線
都市計画：都市計画区域内
構造
主体構造：鉄筋コンクリート造
杭・基礎：杭基礎
行程
設計期間：2016 年 6 月〜 9 月
施工期間：2017 年 6 月〜 2018 年 11 月
工事費
総工費：約 9,000 万円
外部仕上
屋根：既存ウレタン塗膜防水のまま
外壁：既存吹付タイル高圧洗浄・既存脆弱塗膜部分除去（RB 種）の上微弾性複層塗材、構造スリット
開口部：既存のまま
外構：既存のまま
内部仕上
・共用部
自動ドア：SUS 製
床：御影石
壁：EP 塗装、微弾性複層塗材
天井：EP 塗装
・共用廊下・階段
床：塩ビシート
ユニット面積
住戸数：12 戸
住戸専用面積：92 〜 100㎡

◉**既存建物概要**
建設年：1973 年
工事着手時築年数：44 年
確認済証：有
検査済証：有
既存図：有
構造計算書：有

5　リファイニング
佐藤ビル

所在地：宮城県仙台市青葉区花京院 2-1-35
主要用途：共同住宅（賃貸）
建主：個人
設計
建築・監理：青木茂建築工房
構造：金箱構造設計事務所
設備：羽柴設備設計
施工
建築：鉄建建設
空調・衛生：日本設備工業
電気：高橋電気
規模
敷地面積：481.88㎡
建築面積：260.00㎡
延べ面積：1018.80㎡
1 階：255.42㎡
2 階：194.17㎡
3 階：194.17㎡
4 階：194.17㎡
5 階：166.92㎡
塔屋階：13.95㎡
建蔽率：53.95%
容積率：182.09%（既存不適格）
階数：地上 5 階、塔屋 1 階
寸法
最高高：13.74㎜
軒高：13.54㎜
階高：基準階：2,600㎜
天井高：居室：2,360㎜
主なスパン：4,500㎜× 6,300㎜
敷地条件
道路幅員：東 6.5m
駐車台数：平置き駐車場 6 台
法規上の制限
用途地域：近隣商業地域
法定建ぺい率：80%
法定容積率：300%
防火指定：準防火地域
高度地区：第 4 種高度地区（既存不適格）
日影制限：5 時間 3 時間 4 m（既存不適格）
駐車付置：なし
斜線制限：隣地斜線 2.5、道路斜線 1.5
地区計画：なし
都市計画：都市計画区域内
計画道路：なし
構造
主体構造：鉄筋コンクリート造、一部鉄骨
杭・基礎：杭基礎
設備
主な環境配慮技術：アルミルーバーによる日射遮蔽および空調負荷低減
空調設備
空調方式：個別空調方式

衛生設備
給水：直結増圧方式
給湯：局所給湯方式
排水：屋内分流方式、屋外合流方式
電気設備
受電方式：一回線受電方式
契約電力：30A（最大50A）
防災：非常用照明設備、自火報設備
消火：消火器
排煙：自然排煙
その他：防犯カメラ設備
昇降機：乗用1台

行程
設計期間：2013年7月～2014年9月
施工期間：2015年4月～12月

工事費
総工費：257,000,000円（建築工事）

外部仕上
屋根：外断熱シート防水
外壁：ガルバリウム鋼板、断熱塗料、弾性系吹き付けタイル、アルミールーバー
開口部：アルミ製建具
外構：モルタル仕上げ、アスファルト舗装

内部仕上
・居室
床：モルタル仕上げ、ビニル床シート、フローリング
壁・天井：EP塗装
・エントランス
床：モルタル仕上げ
壁・天井：EP塗装
天井：EP塗装

◉既存建物概要
建設年：1969年
工事着手時築年数：45年
確認済証：有
検査済証：有
既存図：有
構造計算書：無

6 リファイニング
レスピール三鷹

所在地：東京都三鷹市下連雀2-21-19
主要用途：共同住宅（賃貸）
建主：レーサム

設計
建築・監理：青木茂建築工房
構造：九段建築事務所
設備・電気：設備計画

施工
建築：日本建設

規模
敷地面積：459.80㎡

建築面積：296.08㎡
延床面積：2,478.32㎡
1階：287.06㎡
2階：288.40㎡
3～4各階：288.40㎡
5～8各階：264.17㎡
9階：242.42㎡
塔屋階：26.96㎡
建蔽率：64.54%
容積率：408.69%（既存不適格）
階数：地上9階、塔屋1階

寸法
最高高：26.935m
軒高：24.275m
階高：基準階：2,600mm
天井高：住戸：2,410mm
主なスパン：6,880mm×6,020mm

敷地条件
道路幅員：西12m　東3.6m
駐車台数：0台

法規上の制限
用途地域：近隣商業地域、第一種低層住居専用地域
法定建ぺい率：74.96%
法定容積率：272.38%
防火指定：準防火地域
高度地区：25m第三種高度地区、10m第一種高度地区
日影制限：あり
駐車付置：なし
斜線制限：隣地斜線、道路斜線
地区計画：特別商業活性化地区（三種）
都市計画：都市計画区域内
都市計画整理事業：なし
計画道路：なし

構造
主体構造：鉄骨鉄筋コンクリート造
杭・基礎：杭基礎

設備
空調設備
空調方式：個別空調方式
衛生設備
給水：増圧直結方式
給湯：局所給湯方式
排水：屋内分流方式、屋外合流方式
電気設備
受電方式：集合住宅用変圧器（パットマウント）方式
契約電力：40A（最大50A）
防災：誘導灯設備、非常用照明設備、自火報設備、連結送水管設備
消火：屋内消火栓設備
排煙：自然排煙
その他：防犯カメラ設備
昇降機：乗用1台

行程
設計期間：2016年1月～8月
施工期間：2016年8月～2017年3月

外部仕上
屋根：外断熱合成高分子系ルーフィングシート防水
外壁：ガルバリウム鋼板、弾性系吹き付けタイル
開口部：アルミ製建具
外構：再生木材デッキテラス、モルタル金コテ押え、一部磁器質タイル

内部仕上
・住戸
床：フローリング
壁・天井：EP塗装
・エントランス
床：磁器質タイル
壁・天井：EP塗装

建築確認等
耐震評定：取得（JSCA判定16012）
確認済証：取得
工事種別：用途変更、大規模の模様替
検査済証：取得

◉既存建物概要
建設年：1973年
工事着手時築年数：44年
確認済証：有
検査済証：無
既存図：有
構造計算書：無

7 リファイニング
光第2ビル

所在地：福岡県大野城市中央1-7-2
主要用途：共同住宅（賃貸）
建主：光ビル

設計
建築・監理：青木茂建築工房
構造：構造FACTORY
設備・電気：シー・イー・エフ設計

施工
建築：北洋建設
衛生：古賀住設
電気：高原電設

規模
敷地面積：1,493.73㎡
建築面積：469.64㎡
延床面積：1784.53㎡
1階：393.66㎡
2～4各階：341.50㎡
5階：319.00㎡
建蔽率：31.44%
容積率：99.59%
階数：地上5階

寸法
最高高：14.35m
軒高：14.00m
天井高：2.85m
主なスパン：7,000mm×7,000mm

敷地条件
道路幅員：5.71m
駐車台数：敷地内駐車場???台

法規上の制限
用途地域：第一種住居地域
法定建ぺい率：60%
法定容積率：200%
防火指定：指定なし
高度地区：指定なし
日影制限：あり
駐車付置：なし
斜線制限：隣地斜線、道路斜線
地区計画：なし
都市計画：都市計画区域内
都市計画整理事業：なし
計画道路：なし

構造
主体構造：鉄筋コンクリート造、一部鉄骨造
杭・基礎：杭基礎

設備
衛生設備
給水：受水槽方式
給湯：局所給湯方式
排水：屋内分流方式、屋外合流方式
電気設備
受電方式：一回線受電方式
契約電力：60kVA
防災：誘導灯設備、非常用照明設備、自火報設備
その他：防犯カメラ設備
昇降機：乗用1台

行程
設計期間：2014年6月～2015年9月
施工期間：2015年10月～2016年3月

外部仕上
屋根：既存防水モルタルの上シート防水外断熱仕様（カバー工法）
外壁：既存躯体の上吹付けタイル、軽量鉄骨下地の上耐水合板厚12の上ルーフィング94の上ガルバリウム鋼板厚0.4フラットパネル
開口部：アルミ製建具
廊下：塩ビシート貼り

内部仕上
床：複合フローリング厚12
壁：軽鉄下地の上ビニルクロス、軽鉄下地の上下地ベニヤ厚5.5の上シナ板厚4.0仕上げOSCL
天井：軽鉄下地の上ビニルクロス

◉既存建物概要
建設年：1975年
工事着手時築年数：41年
確認済証：有
検査済証：無
既存図：有
構造計算書：有

8 リファイニング
ASPRIME 初台

所在地：東京都渋谷区初台 2-9-10
主要用途：共同住宅（賃貸）
建主：ミサワホーム
設計
建築・監理：青木茂建築工房
構造：木下洋介構造設計室
設備・電気：ZO 設計室
施工
建築：東急建設
規模
敷地面積：535.50㎡
建築面積：265.75㎡
延床面積：1,017.24㎡
1～4各階：254.31㎡
建蔽率：49.63%
容積率：156.44%
階数：地上 4 階
寸法
最高高：11.84m
軒高：11.74m
階高：基準階：2,700mm
天井高：基準階：2,350mm
主なスパン：5,400mm× 6.750mm
敷地条件
道路幅員：西 5.4m　南 7.0m
駐車台数：平置き駐車場 3 台
法規上の制限
用途地域：第一種住居地域
法定建ぺい率：60%
法定容積率：274%
防火指定：準防火地域
高度地区：第 3 種高度地区（20m）
日影制限：4 時間 2.5 時間（既存不適格）
駐車付置：なし
斜線制限：隣地斜線、道路斜線
地区計画：なし
都市計画：都市計画区域内
計画道路：なし
構造
主体構造：鉄筋コンクリート造
杭・基礎：杭基礎
設備
主な環境配慮技術：外装に再生木材使用
空調設備
空調方式：個別空調方式
衛生設備
給水：直結増圧方式
給湯：局所給湯方式
排水：屋内分流方式、屋外合流方式
電気設備
受電方式：低圧受電
契約電力：30A（最大 50A）
防災：誘導灯設備、非常用照明設備、自火報設備
消火：消火器

排煙：自然排煙
その他：防犯カメラ設備
昇降機：13 人乗り乗用 1 台
行程
設計期間：2016 年 8 月～ 2017 年 3 月
施工期間：2017 年 4 月～ 9 月
工事費
総工費：建築工事：324,000,000 円
外部仕上
屋根：ウレタン塗膜防水
外壁：ガルバリウム鋼板、弾性系吹き付けタイル、江別レンガ
開口部：アルミ製建具
外構：江別レンガ、アスファルト
内部仕上
・居室
床：フローリング
壁・天井：クロス
・エントランスホール
床：江別レンガ
壁・天井：EP 塗装

●既存建物概要
建設年：1963 年
工事着手時築年数：54 年
確認済証：有
検査済証：無
既存図：有
構造計算書：無

9 新築
HYGGE KANDAHEIM

所在地：東京都大田区蒲田
主要用途：共同住宅＋喫茶店
建主：個人
設計
建築・監理：青木茂建築工房
構造：金箱構造設計事務所
設備・電気：設備計画
内装監修：ミトンデザイン
施工
建築：日本建設
空調衛生：日辰
電気：三静電気工事
規模
敷地面積：413.00㎡
建築面積：239.6㎡
延床面積：1077.92㎡
1 階：230.7㎡
2 ～ 4 各階：225.07㎡
5 階：171.99㎡
建蔽率：58.03%（許容 60%）
容積率：216.01%（許容 240.8%）
階数：地上 5 階
寸法
最高高：15.055m

軒高：14.985m
階高：2,750 ～ 2,800mm
天井高：2,200 ～ 2,500mm
主なスパン：4,240mm× 6,125mm
敷地条件
道路幅員：東 5.82m
法規上の制限
用途地域：第 1 種住居地域
法定建ぺい率：60%
法定容積率：240.8%
防火指定：準防火地域
高度地区：第三種高度地区
日影制限：日影規制地域（3h-5h ／ 4m）
駐車付置：あり
斜線制限：隣地斜線、道路斜線、北側斜線
地区計画：なし
都市計画：都市計画区域内
都市計画整理事業：市街化区域
計画道路：なし
構造
主体構造：壁式鉄筋コンクリート造
杭・基礎：既成コンクリート杭、ベタ基礎
設備
空調設備
空調方式：空冷ヒートポンプエアコン
熱源：電気
衛生設備
給水：上水道直結方式
給湯：ガス給湯方式
排水：下水道直結方式
電気設備
受電方式：低圧受電方式
防災：住宅用火災法報知器、機械警備
消火：消化器
排煙：自然排煙
その他：防犯カメラ設備
昇降機：乗用兼車いす用 1 台　9 人乗り
行程
設計期間：2014 年 7 月～ 2015 年 5 月
施工期間：2015 年 6 月～ 2016 年 3 月
工事費
総工費：358,000,000 円
外部仕上
屋根：硬質ポリウレタンフォーム t=30 の上砂付アスファルトルーフィング、改質アスファルト系塗膜防水の上スタイロフォームの上保護コンクリート
外壁：コンクリート打放し、ランデックス塗装
開口部：アルミサッシ、スチールサッシ、木製扉
外構：舗装：コンクリート打放し、金コテ押え、植栽：オータムライラック（シンボルツリー）他
内部仕上
・賃貸住宅
床：木調磁器質タイル t=10（サンワカンパニー）、磁器質タイル t=8（サンワカンパニー）、モルタル金コテ押え
壁：インテリアラーチ合板 t=12 OS、化粧型枠コンクリート打放し、PB12.5 × 2 枚貼りの上 EPG
天井：化粧型枠コンクリート打放し、PB12.5 × 2 枚貼りの上 EPG
主な使用機器
給湯機：リンナイ
照明器具：オーデリック　モデュラー
キッチン：サンワカンパニー
衛生器具：ＴＯＴＯ
ユニットバス：ブリヂストン
ユニット面積
住戸数：22 戸（オーナー住戸含）
住戸専用面積：25.23 ～ 44.26㎡
オーナー住戸面積：158.51㎡

非住居系

10 リファイニング
真庭市立中央図書館

所在地：岡山県真庭市勝山 53-1
主要用途：図書館
建主：真庭市
設計
建築・監理：青木茂建築工房
構造：金箱構造設計事務所
設備・電気：森村設計
施工
建築：三木工務店・三和建設特定建設工事共同企業体
空調・衛生：三協商建
電気：オオタ電業
規模
敷地面積：5,806.22㎡
建築面積：1,942.39㎡
延床面積：3,872.97㎡
本館棟
1階：1,443.19㎡（図書館）
2階：905.50㎡（図書館）
3階：715.36㎡（図書館）
R階：42.12㎡（図書館）
合計：3,106.17㎡
倉庫・旧会議室棟
1階：291.68㎡（図書館）
2階：230.17㎡（庁舎）
3階：177.97㎡（庁舎）
合計：699.82㎡
バイオマスボイラー棟
1階：44.03㎡（図書館）
その他附帯施設
1階：22.95m2（図書館）
建蔽率：33.54%
容積率：64.35%
階数：地上3階　塔屋1階
寸法
最高高：15.75mm
軒高：14.97mm
階高：3,900～4,200mm
天井高：2,300～2,800mm
主なスパン：12,000mm×12,000mm
敷地条件
道路幅員：南 11.45m、西 4.5m～7.3m
駐車台数：70台
法規上の制限
用途地域：近隣商業地域、第一種住居地域
法定建ぺい率：66.02%
法定容積率：200.00%
防火指定：指定なし
高度地区：指定なし
日影制限：あり
駐車付置：なし
斜線制限：隣地斜線、道路斜線
地区計画：22条区域、勝山町並み保存地区
都市計画：都市計画区域内
都市計画整理事業：なし
計画道路：なし
構造
主体構造：鉄骨鉄筋コンクリート造、一部鉄骨造
杭・基礎：杭基礎
設備
主な環境配慮技術：省エネ法
空調設備
空調方式：単一ダクト空調（木質ペレット焚吸収温冷水機＋空冷ヒートポンプチラー）
個別空調（ヒートポンプパッケージ型エアコン）
衛生設備
給水：水道直結方式
給湯：個別給湯方式
排水：分流方式
電気設備
受電方式：一回線受電方式
設備容量：6.6KV
契約電力：240KVA
予備電源：ディーゼル発電機
防災：非常用放送設備、誘導灯設備、非常用照明設備、自火報設備
消火：屋内消火栓設備
排煙：機械排煙
昇降機：乗用2台
行程
設計期間：2016年3月～12月
施工期間：2017年6月～2018年3月
工事費
総工費：約 810,000,000円（備品別途）
外部仕上
屋根：既存シート防水、改修用シート防水絶縁工法
外壁：既存タイル C-100×50×20×2.3@455、耐水コンパネ t=12、アスファルトルーフィング940、カラーGL鋼板 t=0.4 タテハゼ葺
開口部：スチール製カーテンウォール、スチールサッシ、アルミサッシ
外構：インターロッキング、アスファルト舗装
内部仕上
床：タイルカーペット、無垢フローリング
壁：曲面CLT板、不燃木板貼り、木ルーバー、クロス貼り
天井：CLT板（エントランス庇）、不燃木板貼り、木ルーバー、クロス貼り

◉**既存建物概要**
建設年：1980年
工事着手時築年数：38年
確認済証：有
検査済証：有
既存図：有
構造計算書：有

11 リファイニング
マイタウン白河

所在地：福島県白河市本町2
主要用途：事務所、集会場、展示場、専門学校
建主：白河市
設計
監修：青木茂建築工房
建築・監理：青木茂建築工房・桂設計
施工
建築：兼子組
規模
敷地面積：2,133.60㎡
建築面積：1,640.64㎡
延床面積：6968.34㎡
地下1階：1,650.83㎡
1階：1,510.99㎡
2階：1,532.46㎡
3階：1,496.51㎡
4階：739.45㎡
塔屋階：38.10㎡
建蔽率：76.90%
容積率：324.35%
階数：地下1階、地上4階
寸法
最高高：20.30m
軒高：19.85m
階高：基準階：4,000mm
天井高：共用部：3,850mm
主なスパン：7,400mm×6,800mm
敷地条件
道路幅員：東 10.2m、西 6.2m、南 8.1m
駐車台数：0台
法規上の制限
用途地域：商業地域
法定建ぺい率：60%
法定容積率：200%
防火指定：法22条地域
高度地区：指定なし
日影制限：なし
駐車付置：あり
斜線制限：隣地斜線、道路斜線
地区計画：なし
都市計画：区域区分非設定
計画道路：なし
構造
主体構造：鉄筋コンクリート造
杭・基礎：直接基礎
設備
主な環境配慮技術
大型トップライト設置
空調設備
空調方式：パッケージ方式
熱源：マルチパッケージ型空気調和機
衛生設備
給水：ポンプ圧送方式
給湯：局所ガス給湯方式
排水：屋内分流方式、屋外合流方式
電気設備
受電方式：高圧受電方式
設備容量：750kVA
防災：非常用放送設備、誘導灯設備、非常用照明設備、自火報設備、連結送水管設備
排煙：機械排煙
昇降機：乗用2台
行程
設計期間：2014年10月～2015年5月
施工期間：2015年12月～2016年10月
外部仕上
屋根：既存シート防水部分補修
外壁：ガルバリウム鋼板ランダム菱葺、一部遮熱塗料吹付
開口部：アルミ製建具
外構：コンクリートパネル
内部仕上
・共用部・居室
床：防滑塩ビシート貼り
壁：EP塗装
天井：吹付塗装

◉**既存建物概要**
建設年：1971年
工事着手時築年数：43年
確認済証：有
検査済証：無
既存図：有
構造計算書：無

12 リファイニング
秋田オーパ

所在地：秋田県秋田市千秋久保田町4-2
主要用途：百貨店、喫茶店
建主：すぐる不動産OPA

設計
建築・監理：青木茂建築工房
構造：対震構造エンジニアリング
設備・電気：森村設計
環境コンセプト・サイン計画：アワーカンパニー
照明設計協力：シリウスライティングオフィス
監理協力：小野建築研究所
内装監理：船場

施工
建築：鉄建建設・シブヤ建設工業共同企業体
環境内装：小西造形
空調・衛生：山二施設工業
電気：ユアテック

規模
敷地面積：2,873.67㎡
建築面積：2,298.06㎡
延床面積：20,241.42㎡
地下1階：2,420.69㎡
1階：2,197.51㎡
2階：2,106.87㎡
3階：2,170.60㎡
4階：2,169.94㎡
5〜6各階：2,218.93㎡
7階：2,226.33㎡
8階：2,175.42㎡
塔屋階：336.20㎡
建蔽率：79.96%
容積率：694.48%（既存不適格）
階数：地下1階、地上8階、塔屋2階

寸法
最高高：40.16m
軒高：30.46m
階高：売場：3,680mm
天井高：売場：2,650mm、2,350mm
主なスパン：9,000mm×9,000mm

敷地条件
道路幅員：西8.4m　南22.7m
駐車台数：敷地外駐車場139台

■**法規上の制限**
用途地域：商業地域
法定建ぺい率：80%
法定容積率：473.70%
防火指定：準防火地域
高度地区：指定なし
日影制限：なし
駐車付置：あり
斜線制限：隣地斜線、道路斜線
地区計画：なし
都市計画：都市計画区域内
都市計画整理事業：土地区画整理事業区域
計画道路：あり

構造
主体構造：鉄骨鉄筋コンクリート造、一部鉄骨造
杭・基礎：杭基礎

設備
空調設備
空調方式：中央熱源方式、一部個別空調方式
熱源：ガス冷温水発生機、EHP
衛生設備
給水：高架水槽方式
給湯：局所給湯方式
排水：屋内分流方式、屋外合流方式
電気設備
受電方式：一回線受電方式
設備容量：4100kVA
契約電力：800kVA
予備電源：ディーゼル発電機
防災：非常用放送設備、誘導灯設備、非常用照明設備、自火報設備、連結送水管設備
消火：屋内消火栓設備、スプリンクラー消火設備、吹抜け部：放水型スプリンクラー消火設備
排煙：機械排煙
その他：防犯カメラ設備
昇降機：乗用3台、人荷2台、エスカレーター16台

行程
設計期間：2015年12月〜2017年3月
施工期間：2017年2月〜12月

工事費
建築工事：約16億円

外部仕上
屋根：コンクリート打放し木コテ押えの上アスファルト防水の上軽量コンクリート厚150の上ケイ酸系含浸工法
外壁：既存躯体及び新設押出成形セメント板t=60の上軽量鉄骨下地フッ素樹脂塗装アルミ板t=2
開口部：アルミ製建具
外構：磁器質タイル（アドヴァン）

内部仕上
・売場
床：塩ビタイル（東リ）、磁器質タイル（アドヴァン）
壁・天井：EP塗装
・エントランス
床：塩ビタイルパターン貼（東リ）
風除室内：磁器質タイルパターン貼（アドヴァン）
壁：シナ合板t=4の上杉ルーバー30x45@75、ブレース壁：スギ板合板の上スギ板t=12　ウレタン塗装　4方枠アルポリック鏡面仕上
天井：エキスパンドメタルt=3.2の上EP塗装、シナ合板t=4貼
・エスカレーター
床：塩ビタイルパターン貼（東リ）
壁：杉ルーバー30x15@90
天井：杉ルーバー30x45@90（1〜4階）、シナ合板t=4ウレタンクリアラッカー（地下1階、5〜8階）
エスカレーター軒天井：ダイノックシート貼

◉既存建物概要
建設年：1974年
工事着手時築年数：43年
確認済証：有
検査済証：有
既存図：有
構造計算書：有

13 リファイニング
LLOYD'S HAKATA

所在地：福岡県福岡市博多区上川端町10-255
主要用途：飲食店舗＋共同住宅
建主：リンク

設計
設計・監理：青木茂建築工房
構造：九州シー・アンド・シー事務所
設備・電気：RISE設計
住戸内装デザイン：リアリズムデザイン

施工
九州建設

規模
敷地面積：394.40㎡
建築面積
既存：377.02㎡
リファイニング後：329.97㎡
延床面積
既存：2,343.42㎡
リファイニング後：2,150.64㎡
地下1階：275.06㎡
1階：310.44㎡
2階：294.61㎡
3〜4各階：280.17㎡
5〜7各階：218.71㎡
塔屋1階：27.73㎡
塔屋2階：26.33㎡
建蔽率
既存：95.61%
リファイニング後：83.66%
容積率
既存：520.82%
リファイニング後：454.09%
階数：地下1階、地上7階、塔屋2階

寸法
最高高：24,990mm
軒高：24,820mm
階高：2,615〜3,400mm
天井高：2,300〜2,785mm
主なスパン：5,760mm×6,850mm

敷地条件
道路幅員：北7.78m
駐車台数：0台

法規上の制限
用途地域：商業地域
法定建ぺい率：許容：100%
法定容積率：許容：466.80%
防火指定：防火地域
高度地区：指定なし
日影制限：なし
駐車付置：あり（既存不適格）
斜線制限：隣地斜線、道路斜線
地区計画：駐車場整備地区
都市計画：都市計画区域内
都市計画整理事業：なし
計画道路：なし

構造
主体構造：鉄骨鉄筋コンクリート造、一部鉄骨造
杭・基礎：不明

設備
空調設備
空調方式：個別空調方式
衛生設備
給水：直結増圧式給水方式
給湯：個別給湯方式
熱源　都市ガス（テナント）、プロパンガス（共同住宅）
排水：分流方式
電気設備
受電方式：一回線受電方式
設備容量：6.6KVA
予備電源：ディーゼル発電機
防災：自動火災報知設備、誘導灯設備、非常照明
消火：屋内消火栓設備、消火器
排煙：機械排煙（地下テナント）
その他：防犯カメラ設備
昇降機：乗用昇降機×1基

行程
設計期間：20016年7月〜2017年9月
施工期間：2017年7月〜2018年5月

外部仕上
屋根：機械固定式シート防水外断熱工法
外壁：既設外壁補修の上　吹き付けタイル、カラーガルバリウム鋼板t=0.4平葺き　ステンレス複合板パネル
開口部：スチール製カーテンウォール、スチールサッシ、アルミサッシ
外構：磁器質タイル張り

内部仕上
・1階エントランスホール
床：絨毯張り

壁：不燃木練付合板
天井：EP塗装
・共用廊下
床：絨毯張り
壁：クロス張り、メラミン化粧板、鏡
天井：クロス張り
・住戸
床：タイルカーペット張り
壁：クロス張り、メラミン化粧板
天井：クロス張り

◉既存建物概要
建設年：1965年
工事着手時築年数：52年
確認済証：無（台帳記載あり）
検査済証：無
既存図：無
構造計算書：無
備考：建築基準法第20条、第52条の2等に関して既存不適格

14 プロジェクト
港区立伝統文化交流館

所在地：東京都港区芝浦1-11-16
主要用途：集会場
建主：港区
設計
建築・設計：青木茂建築工房
構造：金箱構造設計事務所
設備：テーテンス事務所
電気：EOSplus
監理
建築：青木茂建築工房
構造：金箱構造設計事務所
設備：F.N.Gプランニング
電気：田中電気設計事務所
施工
建築：中央建設
棟梁：吉匠建築工芸
規模
敷地面積：642.93㎡
建築面積：295.79㎡
延床面積：550.35㎡ 2
1階：282.33㎡
2階：268.02㎡
建蔽率：46.01%
容積率：83.58%
階数：地上2階
寸法
最高高：11.08m
軒高：7.38m
基準階階高：3,280mm（1階）
天井高：2,770mm（1階）
主なスパン：2,727mm×2,727mm
敷地条件
道路幅員：北7.268m
駐車台数：2台

法規上の制限
用途地域：商業地域
法定建ぺい率：80%
法定容積率：400%
防火指定：防火地域
高度地区：なし
日影制限：なし
駐車付置：なし
斜線制限：隣地斜線、道路斜線
地区計画：なし
都市計画：市街化区域（都市計画区域内）
都市計画整理事業：なし
計画道路：なし
構造
主体構造：木造及びRC造
杭・基礎：べた基礎
設備
主な環境配慮技術：港区協定木材利用、太陽光発電照明
空調設備
空調方式：マルチパッケージ型空調機方式
熱源：EHP
衛生設備
給水：直結給水方式
給湯：個別貯湯式電気給湯方式
排水：屋内分流方式、屋外合流方式
電気設備
受電方式：低圧受電方式
契約電力：
防災：誘導灯設備、非常用照明設備、自火報設備、連結送水管設備
消火：屋内消火栓設備、放水銃
排煙：自然排煙
その他：防犯カメラ設備
昇降機：乗用1台
行程
設計期間：2015年7月〜2017年3月
施工期間：2017年12月〜2019年12月（予定）
工事費
総工費：4,47,768,000円
外部仕上
屋根：日本瓦葺き（桟葺き）
外壁：下見板　杉
開口部：木製建具
外構：モルタル刷毛引き、インターロッキング、一部、既存御影石
内部仕上
・百畳敷
床：縁甲板
壁：漆喰塗り
天井：格天井　鏡板・格縁：杉
・エントランス
床：モザイクタイル
壁：漆喰塗り
天井：格天井　鏡板・格縁：杉
建築確認等
耐震評定：取得

確認済証：取得
工事種別：増築
検査済証：取得予定

◉既存建物概要
建設年：1936年
工事着手時築年数：81年
確認済証：無
検査済証：無
既存図：無
構造計算書：無

15 プロジェクト
藤沢翔陵高等学校

所在地：神奈川県藤沢市善行7-1-3
主要用途：学校
建主：学校法人藤嶺学園
設計
建築・監理：青木茂建築工房
構造：金箱構造設計事務所
設備：森村設計
施工
建築：日本建設
規模
敷地面積：20,541.143㎡
・1号館
建築面積：777.958㎡
延床面積：3,517.090㎡
地下1階：446.698㎡
1〜4各階：759.598㎡
塔屋階：32.00㎡
階数：地下1階、地上4階、塔屋1階
・2号館
建築面積：971.767㎡
延床面積：3087.849㎡
地下1階：196.992㎡
1階：956.308㎡
2〜3各階：950.00㎡
塔屋階：34.549㎡
階数：地下1階、地上3階、塔屋1階
・3号館
建築面積：689.534㎡
延床面積：1,160.549㎡
地下1階：45.280㎡
1階：462.017㎡
2階：390.752㎡
3階：262.500㎡
階数：地下1階、地上3階
寸法
・1号館
最高高：22.30m
軒高：19.30m
階高：基準階：3,600
天井高：教室：3,000mm
主なスパン：5,000mm×8,000mm

・2号館
最高高：18.45m
軒高：12.10m
階高：3,600mm（基準階）
天井高：3,000mm（教室）
主なスパン：5,000mm×8,000mm
・3号館
最高高：12.10m
軒高：11.30m
階高：3,600mm（基準階）
天井高：3,000mm（会議室）
主なスパン：5,000mm×7,000mm
敷地条件
道路幅員：西6m
法規上の制限
用途地域：第二種中高層住居専用地域
法定建ぺい率：60%
法定容積率：200%
防火指定：準防火地域
高度地区：指定なし
日影制限：2時間3時間（4m）
駐車付置：なし
斜線制限：隣地斜線、道路斜線
都市計画：都市計画区域内
都市計画整理事業：土地区画整理事業区域、善行土地区画整理事業
構造
主体構造：鉄筋コンクリート造
杭・基礎：直接基礎
設備
空調設備
空調方式：全館空冷ヒートポンプパッケージ空調機による個別空調方式（防衛省施設周辺防音事業工事標準仕方書に準拠）
換気方式
1号館：全熱交換器、1・3号館：個別方式、2号館：中央方式
衛生設備
給水：受水槽＋揚水ポンプ＋高置水槽方式
給湯：局所給湯方式（1号館：ガス、2・3号館：電気）
排水：屋内分流方式、屋外合流方式
電気設備
受電方式：高圧一回線受電方式
設備容量：4100kVA
予備電源：ディーゼル発電機
防災：非常用放送設備、誘導灯設備、非常用照明設備、自火報設備
消火：屋内消火栓設備
排煙：自然排煙
昇降機：なし
行程
設計期間：2016年9月〜2018年1月
施工期間：2018年6月〜2021年2月（予定）
外部仕上

屋根：ウレタン塗膜防水（設備改修部）
外壁：弾性系吹付タイル
開口部：アルミ製気密建具・鋼製建具（2級防音）
内部仕上
・教室
床：長尺塩ビシート
壁：クロス貼り
天井：岩綿吸音板

◉**既存建物概要**
建設年：1963年
工事着手時築年数：55年
確認済証：1号館：有、2号館：無、3号館：有
検査済証：1号館：有、2号館：無、3号館：無
既存図：有
構造計算書：無

16 プロジェクト
白川園暁荘

所在地：熊本県熊本市東区戸島西2-4-50
主要用途：軽費老人ホーム
建主：社会福祉法人白川園
設計
建築・監理：青木茂建築工房
構造：九州シー・アンド・シー事務所
設備・電気：シード設計社
施工
建築：吉永産業
空調・衛生：九州環境保全
電気：出田電業設備
ガス：九広アスエネホームズ
規模
敷地面積：5,259.18㎡
・全体
建築面積：1,947.08㎡
延床面積：2,561.63㎡
・工事対象
建築面積：1,180.72㎡
延床面積：1,835.66㎡
1階：1,074.08㎡
2階：761.58㎡
建蔽率：37.02%
容積率：47.76%
階数：地上2階
寸法
最高高：8.50m
軒高：6.10m
階高：2,800mm
天井高：2,150mm、2,450mm、2,850mm
主なスパン：4,800mm×6,000mm
敷地条件
道路幅員：南4.0m
接道長さ：99.9m

法規上の制限
用途地域：指定なし
法定建ぺい率：40%
法定容積率：80%
防火指定：指定なし
高度地区：指定なし
日影制限：なし
駐車付置：なし
斜線制限：隣地斜線、道路斜線
地区計画：なし
都市計画：都市計画区域内（市街化調整区域）
都市計画整理事業：なし
計画道路：なし
構造
主体構造：鉄筋コンクリート造、一部鉄骨造
杭・基礎：布基礎

◉**既存建物概要**
建設年：1973年
工事着手時築年数：45年
■既存建物資料の有無
確認済証：有
検査済証：無（台帳記載あり）
既存図：有
構造計算書：有

17 プロジェクト
医療法人慈光会 若久病院

所在地：福岡県福岡市南区若久5-3-1
主要用途：病院（精神）
建主：医療法人慈光会
設計
建築・監理：青木茂建築工房
構造：エスパス建築事務所
設備・電気：エスティ設計
規模
敷地面積：9,086.25㎡
建築面積：約5,700㎡
延床面積：約12,000㎡
階数：地上5階
寸法
最高高：約17.3m
軒高：約17.0m
天井高：約2.6m
敷地条件
道路幅員：25.0m
駐車台数：敷地内駐車場33台
法規上の制限
用途地域：第一種低層住居地域、第二種住居地域
法定建ぺい率：50%、60%
法定容積率：80%、200%
防火指定：法22条区域
高度地区：10m、20m

日影制限：あり
駐車付置：あり
斜線制限：隣地斜線、道路斜線、北側斜線
地区計画：なし
都市計画：都市計画区域内
都市計画整理事業：なし
計画道路：なし
構造
主体構造：鉄筋コンクリート造、一部鉄骨造
杭・基礎：杭基礎

◉**既存建物概要**
建設年：1965年〜2007年
工事着手時築年数：54〜12年
確認済証：有
検査済証：有
既存図：有
構造計算書：有

18 プロジェクト
松崎幼稚園 遊戯室棟

所在地：山口県防府市天神2-5-22
主要用途：認定こども園
建主：学校法人脇学園認定こども園松崎幼稚園
設計
建築・監理：青木茂建築工房
構造：金箱構造設計事務所
設備・電気：RISE設計室
規模
敷地面積：4,562.04㎡
建築面積：1,360.08㎡（増築部354.77㎡、既存1,005.31㎡）
延床面積：1,733.50㎡（増築部338.90㎡、既存1,394.60㎡）
建蔽率：29.81%
容積率：38.00%
階数：地上1階
寸法
最高高：8.08m
軒高：5.00m
■敷地条件
道路幅員：北4.40m、東15.10m、南4.70m
法規上の制限
用途地域：第一種住居地域
法定建ぺい率：60%
法定容積率：200%
防火指定：準防火地域
高度地区：指定なし
日影制限：なし
駐車付置：あり
斜線制限：隣地斜線、道路斜線
地区計画：なし
都市計画：都市計画区域内

都市計画整理事業：なし
計画道路：なし
構造
主体構造：鉄骨造、一部木造
杭・基礎：柱状改良

◉**既存建物概要**
建設年：1914年
工事着手時築年数：104年
確認済証：無
検査済証：無
既存図：無
構造計算書：無

プロフィール

前田武志（まえだ・たけし）

1937年奈良県十津川村出身。京都大学工学部卒業。同大学大学院修了。1964年建設省（現・国土交通省）入省。建設省河川局建設専門官、国土庁専門調査官などを歴任。1974年外務省に出向し、在南ベトナム大使館一等書記官としてサイゴン（現ホーチミン市）に赴任。ベトナム戦争終結時には邦人救出に尽力した。1986年衆議院議員。1993年自民党を離党し、民主党結成に参加。2004年参議院議員。予算委員長、民主党副代表等。2011年9月〜2012年6月、野田内閣において国土交通大臣。現在、一般社団法人環境未来フォーラム代表理事。

加藤利男（かとう・としお）

1952年愛媛県生まれ。1976年一橋大学商学部卒業、建設省（現・国土交通省）入省。2005年、都市・地域整備局担当大臣官房審議官に就任。地方都市の中心市街地活性化のため、改正都市計画法、大規模小売店舗立地法、中心市街地活性化法のいわゆるまちづくり3法の改正案策定を担当。2008年国土交通省都市・地域整備局長。2011年同省都市局長。2012年内閣官房地域活性化統合事務局長。2015年より独立行政法人住宅金融支援機構理事長。

太田 昇（おおた・のぼる）

1951年岡山県久世町（現真庭市）生まれ。1975年京都大学法学部卒業。同年、京都府庁入庁。2010年京都府副知事就任。2013年京都副知事を辞職、真庭市長選挙に出馬し初当選。2017年真庭市長に再選。

藻谷浩介（もたに・こうすけ）

1964年山口県生まれ。1988年東京大学法学部卒業。同年、日本開発銀行（現日本政策投資銀行）入行。コロンビア大学ビジネススクール留学、日本経済研究所出向などを経ながら、2000年頃より地域振興の各分野で研究・著作・講演などを行う。平成合併前の約3200市町村のすべて、海外95カ国を私費で訪れ、現場での実見に、人口などの各種統計、郷土史などを照合して、地域特性を多面的かつ詳細に把握している。
主な著書に『デフレの正体――経済は「人口の波」で動く』（2010年、角川oneテーマ21、角川書店）、『里山資本主義　日本経済は「安心の原理」で動く』（2013年、NHK広島取材班と共著、角川oneテーマ21、角川書店）ほか多数。

青木 茂 (あおき・しげる)

1948年大分県生まれ。1971年近畿大学九州工学部建築学科卒業。1977年アオキ建築設計事務所設立。1985年大分事務所開設。1990年株式会社青木茂建築工房に組織変更。福岡事務所開設。2007年東京事務所開設。2008～12年首都大学東京戦略研究センター教授。2013～19年同大学特任教授。
一級建築士、博士（東京大学）
現在、株式会社青木茂建築工房代表取締役、大連理工大学客員教授、椙山女学園大学客員教授、日本文理大学客員教授

主な受賞

1999年　グッドデザイン賞 施設・テーマ部門特別賞・エコロジーデザイン賞「宇目町役場庁舎」
　　　　通商産業大臣賞「宇目町役場庁舎」
2001年　第10回BELCA賞 ベストリフォーム賞「宇目町役場庁舎」
　　　　2001年度日本建築学会賞業績賞「リファイン建築一連作品」
2002年　第1回エコビルド賞「八女市多世代交流館」
　　　　第14回福岡県美しいまちづくり賞大賞「八女市多世代交流館」
2010年　第4回日本ファシリティマネジメント大賞「リファイニング建築」
2012年　日本建築防災協会 耐震改修貢献者賞理事長賞「リファイニング建築」
　　　　グッドデザイン賞「YS BLD.」
2013年　日本建築防災協会 耐震改修優秀建築賞「浜松サーラ」
　　　　グッドデザイン賞「渋谷商業ビル」「光第1ビル」
2014年　グッドデザイン賞「北九州市立戸畑図書館」
2015年　第56回BCS賞「北九州市立戸畑図書館」
2016年　第7回北九州市都市景観賞「北九州市立戸畑図書館」
　　　　第25回BELCA賞 ロングライフ部門「同上」
　　　　グッドデザイン賞「光第2ビル」

主な著書

『建物のリサイクル』（1999年、学芸出版社）／『リファイン建築へ 青木茂の全仕事／建たない時代の建築再利用』（2001年、建築資料研究社）／『まちをリファインしよう──平成の大合併を考える』（2005年、建築資料研究社）／『再生建築　リファインで蘇る建築の生命』（2009年、総合資格）／『団地をリファインしよう。』（2009年、住宅新報社）／『建築再生へ　リファイン建築の「建築法規」正面突破作戦』（2010年、建築資料研究社）／『団地をリファイニングしよう。2』（2011年、建築資料研究社）／『長寿命建築へ　リファイニングのポイント』（2012年、建築資料研究社）／『リファイニングシティ×スマートシティ──つかれたまちはこう変わる。もっと長生きできる』（2012年、総合資格）／『住む人のための建てもの再生　集合住宅／団地をよみがえらせる』（2012年、総合資格）／『リファイニングが導く公共建築の未来』（2013年、総合資格）／『リファイニングシティ×モンゴル』（2013年、総合資格）／『長寿命建築のつくりかた　いつまでも美しく使えるリノベーション』（2015年、エクスナレッジ）／『リファイニング建築が社会を変える──銀行融資と連携し、建築の長寿命化と街の活性化を目指す』（2018年、建築資料研究社）

SHIGERU AOKI Architect & Associates Inc.
株式会社青木茂建築工房／AARP (Aoki Architect Refining Partners)

| Shigeru Aoki | 青木　茂 |

Seiichi Okumura	奥村誠一
Toru Akiyama	秋山　徹
Taiki Kai	甲斐大器（元所員）
Makoto Sato	佐藤　信
Yasunori Waki	脇　泰典
Mio Nakasone	仲宗根未央
Yujiro Higashi	東　佑二郎
Ji Sook Baek	白　智淑
Koudai Konno	今野広大
Ryosuke Teraoka	寺岡良祐
Arata Higa	比嘉新大
Haruki Takaoka	高岡遥樹
Ryosuke Ishitsuka	石塚亮佑
Sirinada Mathurossukon	シリナダ・マツロスコン
Tanapol Wattanajindalert	タナポン・ワッタナジンダラド
Osamu Nakajima	中島　修（ミサワホーム／出向）
Yuji Takeshita	竹下裕二（同上）
Naoki Yugami	勇上直幹（同上）
Yuji Kasai	笠井雄司（同上）
Yasumoto Yamada	山田泰幹（同上・故人）

| Aoi Akiyama | 秋山　葵 |
| Yoko Aoki | 青木洋子 |

＊スタッフ募集中。

業務提携先
一般財団法人日本建築センター
三井不動産株式会社
ミサワホーム株式会社
株式会社りそな銀行
株式会社西日本シティ銀行
株式会社大分銀行

あとがき

この著書では4名の方々とふたつのトークセッションを行った。

住宅に関しては前田武志元国土交通大臣と加藤利男住宅金融支援機構理事長とである。今回の対話で既存ストックの再生に関わる問題が明らかにされたと同時に、国の機関が進めている諸策を理解することができた。分譲マンションについては私が想像していた以上に国としても問題にしていることがわかり、そしていろいろな政策が打たれている。独立行政法人住宅金融支援機構の「マンションすまい・る」債であるとかリバースモーゲージ、あるいは関連する福祉に関する諸策等である。

だが、私が知る限り、これらの諸策がうまくリンクしていないのではないか、と思われて仕方がない。大学においてもさまざまな研究がなされているが、それを束ねることがされていないのではないかと思われる。それは、モデルケースとして実際にやってみれば問題点がよくわかり、クリアーしなければならないポイントが判明する。問題解決のためには、その繰り返しを積み重ねるしかないのではないだろうか。前田先生がトークセッションで触れたリチャード・クーさんの発言について思ったことだが、住宅の管理の問題は、「つくる建物」から「買う建物」としての建築のあり方が問われているのではないか。

これからはいかに管理し、それを評価して、既存建物をどのように見るかということが日本の不動産のあり方の大きな柱になると思われる。土地と同じように、建物が長期的な資産として評価されるようになれば、価値観が違ってくるだろう。

太田昇真庭市長と地域エコノミストの藻谷浩介さんとのトークセッションでは主に公共建築のあり方について語っているが、共通の問題は日本における建築の評価と対策である。欧米では新築よりもむしろ建物の古いほうが評価されるといわれるが、日本でも建築の評価が国際基準と合致するようになれば、見方は違ってくる。その評価軸の一端として、コンクリート建物が石造建築と同じように長期的に耐え得ることをどう担保するか、ということが重要ではないかと考えている。このことは、私がこれまで行ってきたリファイニング建築施工記録の重要性につながる。

私はこの30年間、日本の建築法規という、ある意味新築に特化した法のあり方を少しずつではあるが建築再生の方向に向けてきたと自負している。このことはずいぶんといろいろな方の理解を得て進んできた。これからは、それを束ねることが重要だと考えている。特に地方公共団体においてはまだまだスクラップ・アンド・ビルドが主流ではあるが、これらをもう一度見直す作業を行ってみたいと思っている。

私は、設計や工事監理時にスタッフに対して常々、「母の家」ということを言っている。つまり、自分の母親の家をつくるような思いで作業に当たることが重要だ、と教えている。古い建物の再生は判断に迷うことがあるが、「母の家」をつくるつもりで判断を下せば、間違いはないのではないかと考えている。

2018年末、一般財団法人日本建築センターと業務提携を行った。今後この手法が広く使われて、ストック活用に寄与できれば幸いである。

◇

「ASPRIME 初台」では、ミサワホームから出向していた山田泰幹君が設計者として、また現場の工事監理者として大いなる力を発揮した。設計途中に皮膚ガンが見つかり、療養と現場監理という大変な状況の中、耐震補強完了時の現場解体見学会で力の入った説明を行ってくれた。その時の山田君の説明は、私や見学会の参加者に感動を与えた。その数カ月後、完成を待たずに他界された山田君のご冥福を祈り、この本を捧げたい。

◇

今回の出版において、石堂威、小田道子両氏には大変なご苦労をお掛けしました。お二人に心より感謝いたします。

(青木茂)

建築再生 未来へつなぐリファイニング建築
ポイントとすすめ方

2019年3月20日　初版第1刷発行

著者：青木 茂

編集：石堂 威・小田道子
表紙・カバーデザイン：長島恵美子
撮影：
松岡満男・上田 宏・浅田美浩・堀田貞雄・是本信高・イメージグラム・サトウノブタカ・青木茂建築工房

発行人：馬場栄一
発行所：株式会社建築資料研究社
　　　　東京都豊島区池袋2-38-2-4F（〒171-0014）
　　　　出版部　電話：03-3986-3239
　　　　　　　　FAX ：03-3987-3256

印刷・製本：大日本印刷株式会社

©2019　Shigeru Aoki
Printed in Japan
ISBN978-4-86358-616-1

無断転載の禁止
本誌に掲載の記事（本文、図版、写真など）を当社および著作権者の承諾なしに無断で転載（翻訳、データベースへの入力、WEB上での掲載など）することを禁じます。たとえ個人や家庭内の利用を目的とする場合でも著作権法違反です。

青木 茂の本

リファイニング建築が社会を変える
銀行融資と連携し、建築の長寿命化と街の活性化をめざす
A5・200頁　定価：本体1800円＋税
ISBN978-4-86358-564-5

青木茂が開拓したリファイニング建築の現在地とは？
金融や不動産等他分野との接点から多角的に提示する。
各界キーマンとの対談を中心に構成。

長寿命建築へ
リファイニングのポイント
A4変・144頁　定価：本体2400円＋税
ISBN978-4-86358-181-4

建築だって、健康で長生きがいい。
青木茂による診断と施術例を、すべて公開。
リファイニングにより、建築に新たな生命が吹き込まれた！

建築再生へ
リファイン建築の「建築法規」正面突破作戦
A5・232頁　定価：本体1800円＋税
ISBN978-4-86358-051-0

法規上の問題や行政対応など、幾多の困難を乗り越えて実現した
リファイン建築の事例を、詳しくプロセスを追って紹介。
「設計・施工マニュアル」付き。

まちをリファインしよう
平成の大合併を考える
A5・232頁　定価：本体1800円＋税
ISBN978-4-87460-857-9

進化した「リファイン建築」の発想と手法が、都市を変える！
ワークショップを通して実現に至る
まちづくりのプロセスを公開。

リファイン建築へ
青木茂の全仕事／建たない時代の建築再利用術
B5変・200頁　定価：本体2800円＋税
ISBN978-4-87460-740-4

環境に優しく、地震に強く、新築に劣らず美しく、
そしてリファイン建築なら安くできる。
その発想と手法のすべてを徹底紹介した、原典ともいうべき書。

発行：建築資料研究社 出版部　〒171-0014　東京都豊島区池袋2-38-2-4F
Tel：03-3986-3239　Fax：03-3987-3256
http://www2.ksknet.co.jp/book/